제2의 테슬라

팔란티어에 주목하라

안유석 지음

처음북스

AI 시대의 게임 체인저, 팔란티어 테크놀로지스

최근 한국 투자자들 사이에서 팔란티어 테크놀로지스Palantir Technologies에 대한 관심이 부쩍 높아지고 있습니다. 빅데이터와 인공지능 분야를 선도한다는 점, 그리고 '제2의 테슬라'라고 불리는 점이 투자자들의 호기심을 자극하기에 충분해 보입니다. 그러나 막상 투자자들의 속내를 깊이 들여다보면, 팔란티어가 어떠한 배경에서 탄생했으며 어떠한 비전과 기술력을 지니고 있는지는 잘 모릅니다. 그 결과, 많은 개인 투자자들이 확실한 이해 없이 단순히 유행과 기대감에 이끌려 투자를 결정하는 경우가 많습니다.

본 책은 이러한 상황에서, 일시적인 밈meme이나 시장의 열기에 휩쓸리기보다는 확신을 기반으로 팔란티어에 투자할 수 있도록 돕는 안내서가 되고자 합니다. 팔란티어는 흔히 '소프트웨어 기업'이라고 단순화되곤 하지만, 실제로는 인공지능AI 기술을 통해 방대한 데이터를 정리하고, 이를 의사 결정에 활용하도록 돕는 데이터 인프라 플랫폼을 구축한 기업입니다. 이 플랫폼은 이미 다수의 정부 기관과 글로벌 대기업에서 국가안보와 치안, 병원 및 의료 행정, 금융사기 탐지, 공급망 관리 등 다양한 분야에 적용되고 있습니다. 즉, 팔란티어가 제공하는 것은 단순한 분석 툴이 아니라 정부와 기업의 운영 방식을 근본적으로 혁신하는 종합 솔루션이라 할 수 있습니다.

사실 현대 사회에서는 AI와 빅데이터 기술이 어느새 필수 불가결한 산업 자산이 되었습니다. 데이터를 제대로 활용하지 못하면 어떤 기업도 글로벌 경쟁에서 도태될 수밖에 없는 시대가 열린 것입니다. 팔란티어가 이러한 변화를 주도하면서 '제2의 테슬라'라는 애칭으로 불리게 된 이유도, 단순히 강력한 기술만 보유해서가 아니라 데이터를 다루는 방식 자체를 바꿔 버릴 잠재력을 인정받았기 때문입니다. 다시 말해, 전기차로 자동차 산업의 패러다임을 바꾼 테슬라처럼, 팔란티어도 빅데이터와 AI를 통해 정부·기업 운영 구조 자체를 뒤흔들어 놓을 가능성이 충분하다는 뜻입니다.

이 책은 팔란티어가 어떠한 배경에서 탄생했으며, 현재 어떤 비즈니스 모델을 가지고 있고, 무엇을 강점으로 삼아 미래를 준비하는지를 체계적으로 살펴보려는 목적으로 쓰였습니다. 또한 팔란티어의 성장 스토리를 단순히 나열하는 데 그치지 않고, 정부 계약 중심의 수익 구조가 안고 있는 윤리적·정치적 리스크나 높은 가격의 솔루션에 따른 진입장벽과 같은 현실적 문제점도 함께 짚어볼 예정입니다. 우리는 이 과정을 통해, 팔란티어를 둘러싼 긍정과 부정의 시선을 균형 있게 바라보고, 그 진정한 기업 가치를 탐색함으로써 투자 여부를 판단할 수 있게 될 것입니다.

특히 이 책은 주가가 급등락하고 밈처럼 회자되는 일시적 현상에 휩쓸리지 않고, 팔란티어가 지닌 장기적 성장 가능성을 분석하는 데 역점을 둡니다. 테슬라 역시 초기에는 끊임없는 의심과 조롱 속에서 적자를 면치 못했지만, 최종적으로는 전 세계 자동차 산업에 대격변을 가져왔습니다. 팔란티어 역시 당장 뚜렷한 이익 창출이 눈에 띄지 않는 시기부터 많은 비판과 회의를 받아왔으나, 최근 분기 흑자 달성과 민간 시장 확장을 통해 확신을 얻고 있습니다. 물론 테슬라처럼 대중적으로 널리 사용되는 '제품'을 파는 것이 아니라, 어쩌면 더 복잡하고 보이지 않는 소프트웨어를 제공하는 기업이라는 점에서, 그 성장 궤도는 조금 다른 모습을 띨 수도 있습니다. 그럼에도 데이터와 AI가 앞으로 모든 산업의 경쟁력을 좌우하게 된다는 사실은 변함없으며, 이는 팔란티어가 설 자리를 계속해서 키워주는 강력한 시대 흐름이라 할 수 있습니다.

이 책을 읽는 당신은, 팔란티어의 역사와 철학, 제품 전략을 한층 더 깊이 이해하게 될 것입니다. 군사용 정보분석 시스템 '고담Gotham'이 무엇이며, 기업용 데이터 통합 플랫폼 '파운드리Foundry'가 어떤 점을 혁신하는지, 그리고 최근 출시된 인공지능 플랫폼 'AIP'가 왜 미래를 결정지을 열쇠인지도 알게 될 것입니다. 단순히 기업 소개 수준이 아니라, 정부 계약이 주류를 이루는 사업 구조의 안정성과 위험, 구독 모델의 장단점을 살펴보고, 윤리적 논란이나 개인정보 보호 문제에 대한 다양한 시각도 제시할 것입니다. 이를 통해 "팔란티어가 장차 진정한 '데이터 혁명 기업'으로 자리 잡고, 테슬라처럼 산업 패러다임을 바꿀 수 있을까?"라는 의문에 해답을 얻을 수 있을 것입니다.

결국 중요한 것은, 단순한 트렌드나 전문가 의견이 아니라 깊이 있는 지식과 확신을 바탕으로 투자 결정을 내리는 자세입니다. 팔란티어가 정부 및 대기업의 빅데이터 운영을 어떻게 변화시키고 있는지, 그리고 그 뒤에는 어떠한 가치와 철학이 배경에 있는지 제대로 이해해야, 주가가 흔들릴 때도 흔들리지 않는 '진짜 투자자'가 될 수 있습니다. 이 책은 바로 그런 '깊은 지식'을 제공하기 위해 기획되었습니다.

지금부터 본문을 따라가며, 팔란티어가 걸어온 길과 앞으로 펼칠 미래에 대해 하나씩 살펴보도록 합시다. 그 길을 따라가다 보면, AI 시대에 '데이터'가 어떻게 새로운 가치를 창출하고, 팔란티어가 그 흐름에서 어떤 역할을 맡을지 자연스레 이해하게 될 것입니다. 이는 분명, 투자자로서 지금보다 확신에 찬 결정을 내릴 수 있도록 도와줄 것입니다.

이제 당신에게 팔란티어라는 기업의 세계를 안내할 준비가 되었습니다. "테슬라 이후 가장 매력적인 성장주"라는 찬사와 우려가 교차하는 이 기업을 향해, 한 걸음 더 다가가 보기 바랍니다. AI 시대가 본격적으로 열리는 지금이야말로, 팔란티어의 미래를 미리 만날 수 있는 가장 적절한 시점입니다.

안유석

Contents

CHAPTER 1

AI 시대,
새로운 역사를 쓰는
팔란티어
테크놀로지스

데이터와 AI 시대,
그리고 팔란티어의 중요성

AI 시대의 팔란티어 기술과 역할

오늘날 인공지능AI이 비즈니스와 사회 전반을 혁신하는 시대에, 방대한 데이터를 다루는 역량은 그 어느 때보다 중요합니다. 팔란티어 테크놀로지스Palantir Technologies(이하 팔란티어)는 이러한 AI 시대의 데이터 홍수 속에서 빛을 발하는 기업으로 주목받고 있습니다. 2003년에 설립된 팔란티어는 애초에 미국 정보기관의 테러 대응을 돕기 위해 탄생했으며, 이후 정부 기관과 대기업을 위한 정교한 데이터 분석 소프트웨어 플랫폼을 개발하고 있습니다. 이 플랫폼의 가장 큰 강점은 방대한 양의 데이터를 통합하여 유의미한 통찰을 도출하는 능력으로, AI 시대에 조직들이 필요한 의사 결정 정보를 제공한다는 점입니다. 실제로 팔란티어는 AI와 빅데이터를 결합한 독자적 솔루션을 통해 국가의 안보부터 의료, 금융에 이르는 다양한 분야의 복잡한 문제를 해결하며 업계를 선도하고 있습니다.

AI 기술이 정부 서비스, 의료, 금융 등 여러 분야의 운영 효율을 높이면서, 전 세계 조직들은 그 잠재력을 최대한 활용하기 위해 노력하고 있습니다. 이러한 흐름 속에서 팔란티어의 역할은 더욱 중요해졌습니다. 팔란티어는 고담Gotham, 파운드리Foundry와 같은 플랫폼을 통해 조직 내 흩어진 데이터를 한데 모아 분석할 수 있는 토대를 제공함으로써, AI의 효과적인 도입을 돕고 있습니다. 예를 들어 팔란티어는 2023년 중반 인공지능 플랫폼(AIP)을 선보였는데, 이는 기업이 자신들의 데이터 위에 AI 기반 해법을 쉽게 구현하도록 지원하는 도구입니다.

팔란티어의 CEO 알렉스 카프Alex Karp는 "세계는 AI를 갖춘 자와 못 갖춘 자로 나뉠 것이며, 팔란티어는 승자의 편에 설 것"이라고 언급하며 AI 시대를 향한 강한 자신감을 드러내기도 했습니다. 이처럼 팔란티어는 방대한 데이터를 AI 시대의 자산으로 전환하는 핵심 파트너로 자리매김하고 있습니다.

흥미로운 사례로 보는 팔란티어의 활약

팔란티어의 기술력은 마치 영화 같은 여러 사례들을 통해 그 위력을 입증했습니다. 예를 들어, 팔란티어 소프트웨어는 2011년 이루어진 오사마 빈 라덴의 은신처 추적에 기여한 것으로 널리 알려져 있습니다. 공식 확인된 바는 없지만, 여러 매체 보도에 따르면 팔란티어의 데이터 마이닝 기술이 빈 라덴의 은신처를 찾아내는 데 중추적 역할을 했다고 전해집니다. 이렇듯 방대한 정보를 연결해 테러리스트의 단서를 포착해 내는 팔란티어의 능력은, 9.11 테러 이후 테러 대응을 위해 설립된 기업이라는 배경과 맞물려 더욱 화제가 되었습니다.

방대한 정보의 바다에서 숨겨진 패턴을 찾아내는 팔란티어의 소프트웨어는, 정보 분석 분야에서 혁신적 도구로 자리 잡았고, 이러한 성공 사례는 팔란티어를 둘러싼 비밀스러운 이미지를 세간에 각인시켰습니다.

또 다른 극적인 사례로는 세계 최대 규모의 폰지사기 사건이었던 버니 메이도프Bernie Madoff 금융 사기의 전모를 밝히는 데 팔란티어가 기여한 일화가 있습니다. 메이도프는 수십 년에 걸쳐 무려 650억 달러(한화 93조 5,025억 원)에 달하는 피해를 낳은 사기 행각을 벌였는데, 수사관들은 팔란티어 소프트웨어를 활용해 40년에 이르는 방대한 금융 데이터를 분석함으로써 이 복잡한 범죄를 밝혀낼 수 있었습니다.

이처럼 팔란티어의 기술은 테러 소탕부터 금융 범죄 수사까지, 다양한 영역에서 활약하며 놀라운 결과를 만들어 냈습니다. 그 외에도 팔란티어의 플랫폼은 제약회사 머크Merck의 신약 개발 시간 단축을 돕고, 유나이티드 항공의 노선 최적화를 지원하는 등 기업 활동의 생산성 향상에도 쓰이고 있습니다. 이러한 실제 사례들은 팔란티어 기술의 범용성과 파괴력을 잘 보여주어, 독자의 흥미를 불러일으키는 동시에 팔란티어가 왜 특별한 기업인지를 실감하게 합니다.

21세기 데이터 경제의 중요성과 팔란티어

21세기 경제에서 데이터는 '새로운 석유'라고 불릴 정도로 귀중한 자원이 되었습니다. 그만큼 데이터를 잘 활용하는 기업이 시장을 주도하고 부를 창출하지만, 원유처럼 가공되지 않은 데이터 그 자체로는 아무런 가치도 만들어 내지 못한다는 점이 중요합니다. 원유를 정제해야 연료나 플라스틱이 나오듯이, 데이터 역시 추출하고 정제하며 분배해야 비로소 의미 있는 정보와 통찰로 거듭납니다.

실제로 AI와 산업 자동화Industry 4.0의 발전은 방대한 양의 질 높은 데이터를 필요로 하며 이러한 데이터를 확보하고 처리하는 능력이 경제적 경쟁력을 좌우하고 있습니다. 한 조사에 따르면 전 세계 데이터 양은 2010년대 이후 기하급수적으로 증가해 2025년에는 약 181제타바이트ZB에 이를 전망인데, 이는 불과 10여 년 만에 데이터 규모가 10배 이상 팽창한다는 의미입니다. 이처럼 폭발적으로 늘어나는 데이터를 어떻게 활용할지가 현대 기업들에게 최대 과제가 되었습니다.

팔란티어 테크놀로지스는 바로 이 데이터 경제의 시대에 특화된 솔루션을 제공함으로써 가치를 만들어 내고 있습니다. 팔란티어의 플랫폼은 기업과 기관이 서로 다른 출처의 방대한 데이터를 한곳에 모아 단일한 진실의 공급원SSOT, Single Source Of Truth을 구축하게 돕습니다. 이렇게 통합된 데이터를 통해 사용자는 복잡한 상관관계를 탐색하고 시각화하여 지속적인 운영을 예측하고 분석해 문제를 해결할 수 있습니다.

앞서 언급했듯 머크가 팔란티어를 통해 신약 후보 물질 발굴을 가속화하고, 유나이티드 항공이 데이터 분석으로 운항 효율을 높인 것이 좋은 예입니다. 이처럼 팔란티어는 방대한 원시 데이터를 경제적 가치로 탈바꿈시키는 일종의 '정유공장' 역할을 하고 있습니다. 데이터의 중요성이 날로 커져가는 21세기 경제에서, 팔란티어의 이러한 역량은 기업들에게 핵심 파트너로서 자리매김하고 있습니다.

투자자 관점에서 본 팔란티어의 잠재력

팔란티어는 혁신적인 기술력뿐만 아니라 투자자들의 관심이라는 측면에서도 두각을 나타내는 기업입니다. 2020년 뉴욕증권거래소에 상장하며 공개기업이 된 팔란티어는, 초기에는 이익보다는 성장에 집중하는 모습 때문에 회의적인 시선도 있었지만 현재는 장기적인 가치에 주목하는 투자자들의 러브콜을 받고 있습니다. 특히 2023년 이후 생성형 AI 붐을 타고 팔란티어의 주가는 급등세를 보였는데, 2024년 한 때 주가가 연초 대비 두 배 이상으로 뛰어오르며 AI 시대의 대표 수혜주로 부상하였습니다.

이는 팔란티어가 시장의 AI 수요 증가에 발맞춰 적시에 AIP와 같은 플랫폼을 출시하고, 이를 통해 새로운 고객을 확보하며 매출 성장을 이루었기 때문입니다. 실제로 팔란티어는 2023년 3분기 미국 상업 부문 매출이 전년 대비 54% 증가하는 성과를 거두었고, 올해 들어서만 세 차례나 매출 전망치를 상향 조정하는 등 실적 호조를 보였습니다. 이러한 가파른 성장세에 힘입어, 팔란티어는 2023년 이후 생성 AI 열풍의 최대 수혜주 중 하나로 손꼽혀 왔습니다.

팔란티어의 독보적인 시장 지위도 투자 매력을 높이는 요인입니다. 미국 정부 및 군 관련 프로젝트들은 팔란티어 매출의 큰 축을 차지하며 안정적인 기반을 제공합니다. 예를 들어 최근 분기 미국 정부 계약 매출이 40% 급증하여 회사 총매출의 44%를 차지했고, 각국 정부에서 국가 안보와 공공의료 등 핵심 영역에 AI 활용을 늘리면서 팔란티어에 대한 수요도 꾸준히 확대되고 있습니다. 여기에 더해 민간 기업 부문에서도 팔란티어 소프트웨어 도입이 늘어나고 있어 향후 전체 시장TAM의 확대 여지도 큽니다. 금융정보업체 모닝스타Morningstar의 애널리스트들은 팔란티어의 향후 전망에 대해 낙관적인 견해를 밝혔는데, 특히 정부 부문에서 "군사, 의료 등 다양한 공공 분야에서 AI 기반 솔루션에 대한 거대한 수요가 계속될 것이므로 팔란티어에 긴 성장 활주로가 펼쳐질 것"이라고 평가했습니다.

요컨대 빅데이터와 AI의 교차점에 자리한 팔란티어는, 기술 트렌드와 정부·기업의 수요 증가에 힘입어 장기적 성장 잠재력이 크다는 것이 시장의 시각입니다. 지속적인 수익 창출 능력을 입증하고 있는 현재의 행보와 함께, 팔란티어는 미래의 '필수 불가결한 플랫폼'으로 자리 잡을 가능성이 높아 보입니다. 이러한 여러 이유로 팔란티어는 단기적인 테마주를 넘어 장기 투자 관점에서 주목해야 할 기업으로 평가받고 있습니다.

CHAPTER 2

넥스트
게임 체인저의
탄생

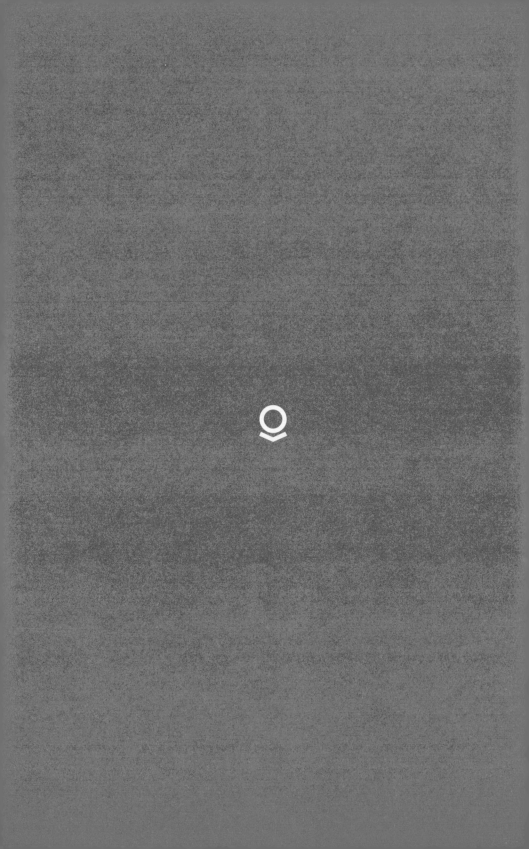

팔란티어의 탄생 배경
9.11 테러 이후 정보 분석의 필요성과 CIA의 투자

9.11 테러의 배경과 영향

2001년 9월 11일 발생한 테러는 미국 사회와 정보기관에 엄청난 충격을 주었습니다. 단 하루 만에 뉴욕 세계무역센터와 펜타곤 등이 공격받아 약 3,000명이 희생되었고, 미국은 테러와의 전쟁에 돌입했습니다. 사후 조사에서 정보기관들이 보유하고 있던 단서들을 서로 공유하고 연결하지 못한 것이 9.11 테러 사태를 막지 못한 주요 원인으로 지목되었습니다.

실제로 9.11 테러 위원회는 "9.11 테러를 막지 못한 것은 미국 역사상 최악의 정보 실패 가운데 하나"라고 지적하며, 냉전 시대에 맞춰져 있던 정보기관을 21세기 테러 위협에 대응하도록 개편할 필요성을 강조했습니다. 이를 계기로 미국 정부는 국토안보부 신설, 정보총장DNI 직책과 국가대테러센터NCTC 설립 등 정보 공동체의 구조적 변화를 모색했으며, 서로

흩어진 정보를 한데 모아 '점을 이어(connect the dots)' 분석하는 능력을 강화하는 일이 시급한 과제로 대두되었습니다. 이전까지 서로 분리돼 있던 정보기관 간의 장벽을 허물고 데이터를 통합해 분석해야 한다는 인식이 정부와 정보기관 전반에 퍼지게 된 것입니다.

기존 정보 분석 시스템의 한계

9.11 테러 이전까지 미국의 정보기관들은 대규모 데이터 분석에 있어서 여러 한계를 안고 있었습니다. 각 기관은 데이터베이스가 따로 운영되고 정보 공유가 제한되어, 한 기관이 가진 정보를 다른 기관이 알지 못하는 일이 잦았습니다. 법적 제한과 관료주의적 문화 때문에 FBI와 CIA조차 서로 정보를 충분히 교환하지 못했고, 기관들은 자신의 정보영역을 지키려는 경향이 강했습니다.

그 결과 개별 단서는 있었지만 이를 종합하여 큰 그림을 보는 '점 연결' 작업이 제대로 이뤄지지 못했던 것입니다. 기존에도 각 기관 내에서 첩보 분석관들이 보고서를 읽고 수작업으로 관련성을 찾는 노력을 기울였지만, 이것만으로는 방대한 데이터에 숨은 테러 징후를 제시간에 발견하기 어려웠습니다. 실제로 정보기관들은 테러 조직과 관련된 인물, 통신, 금융 거래 등 방대한 자료를 수집하고도 그것을 한데 모아 패턴을 식별할 도구가 부족했습니다.

9.11 테러 이후 미 정부는 이러한 문제를 해결하기 위해 기술적인 시도도 했습니다. 예를 들어 국방고등연구계획국DARPA은 2002년 초 '전방위 정보인식TIA, Total Information Awareness' 프로그램을 시작하여, 정부가 보유한

방대한 데이터베이스를 통합 분석하고 필요하면 민간 데이터(항공기 예약 시스템, 신용카드 사용 내역, 통신 기록 등)를 검색해 테러리스트를 선별하려 했습니다. 이 구상은 당시로서는 혁신적이었지만, 개인 사생활 침해 우려와 프로그램 책임자에 대한 논란 등으로 2003년 결국 중단되고 말았습니다. TIA 프로그램이 좌초되긴 했지만 "방대한 데이터를 활용해 숨은 위협을 찾아낸다."라는 아이디어 자체는 매력적이었고, 9.11 테러 이후 정보기관 내에서도 이런 기술의 필요성을 공감하는 분위기가 생겼습니다. 그러나 정작 관료주의와 기술 부족으로 정부 주도의 통합 분석 시스템 구축은 난항을 겪었고, 이로 인하여 새로운 접근 방식에 대한 요구가 더욱 커졌습니다.

팔란티어 설립 과정

페이팔 마피아로 알려진 피터 틸Peter Thiel은 9.11 테러 이후 이러한 문제를 해결하기 위한 민간 기술의 역할을 고민했습니다. 틸은 온라인 결제 기업 페이팔의 공동창업자로서, 페이팔이 구축한 사기 탐지 시스템에 주목했습니다. 페이팔은 해커와 금융사기범들이 수법을 바꾸며 공격하자 단순 규칙 기반 알고리즘만으로 대응하기 어렵다는 것을 깨달았습니다. 대신 전직 수사관 등 인간 전문가들이 거래 데이터를 실시간으로 들여다보고 의심스러운 연결고리를 찾아내도록 돕는 소프트웨어를 개발했는데, 이것이 페이팔이 온라인 사기와 러시아 마피아의 돈세탁 시도를 막아내고 신뢰를 얻은 비결이었습니다. 틸은 "적극적으로 수법을 바꾸는 적수(사기범이나 테러리스트)에 맞서려면, 인간의 판단과 컴퓨터의 속도를 결합해야 한다."라는 교훈을 얻었고, 이를 테러 대응에 적용하려고 했습니다.

2003년 틸은 스탠퍼드 대학 동문이자 철학 박사 출신 친구인 알렉스 카프 등과 함께 팔란티어 테크놀로지스를 공동 설립했습니다. 회사 이름 '팔란티어Palantir'는 J.R.R.톨킨의 소설 『반지의 제왕』에 나오는 투명한 예언의 돌에서 따온 것으로, 멀리 떨어진 곳의 사건까지 들여다보는 통찰의 도구를 의미했습니다. 틸은 팔란티어를 '미션 지향적 회사'로 규정하고, 페이팔에서 효과를 본 패턴 인식 소프트웨어를 테러리즘 방지에 응용하면서도 시민 자유를 지킬 수 있는 방식을 추구했습니다. 이는 9.11 테러 이후 강화된 감시가 자칫 프라이버시 침해로 흐를 수 있다는 우려에 대한 대응이기도 했습니다. 카프와 틸을 비롯한 공동창업자들은 "실리콘밸리가 국가 안보를 향상시키면서도 시민의 자유를 지킬 수 있다."라는 비전을 공유했고, 몇 명의 페이팔PayPal 출신 기술자와 스탠퍼드 출신 인재들을 모아 첫 제품 개발에 착수했습니다.

초기 개발 과정은 순탄치 않았습니다. 팔란티어 팀은 페이팔 사기 방지 프로그램을 모델로 한 시제품을 만들기 시작했지만, 이 아이디어를 현실화하려면 상당한 시간과 자본이 필요했습니다. 피터 틸은 창업 자금으로 본인의 자산을 투자하며 팀을 지원했고, 페이팔 엔지니어였던 나단 게팅스와 스티븐 코헨, 조 론스데일 등 소수의 인력이 2004년까지 핵심 프로토타입을 개발했습니다. 그러나 실리콘밸리의 일반 벤처 투자자들은 정부 상대의 사업모델을 가진 신생 기업에 회의적이었습니다.

스탠퍼드 리뷰 출신의 철학 박사 CEO(알렉스 카프)가 이끄는 소프트웨어 스타트업이 거대 정부기관의 데이터를 분석하겠다는 발상은 쉽게 투자자들의 지갑을 열지 못했습니다. 세쿼이아 캐피털의 유명 투자자 마이클 모리츠는 미팅 내내 낙서만 할 정도로 관심을 보이지 않았고, 다른 투자자는 "이 회사는 망할 것"이라고 단언하며 비웃었다고 합니다. 초창기 팔란티어에 선뜻 투자한 곳은 거의 없었고, 결국 피터 틸이 자신의 자금과 창업 펀드Founders Fund를 통해 약 3,000만 달러를 투입해야 했습니다. 유일한 외부 투자자는 다름 아닌 미국 CIA의 벤처캐피탈인 인큐텔In-Q-Tel로부터 받은 200만 달러가 전부였을 정도로, 팔란티어는 태동기에 자금 조달에 어려움을 겪었습니다.

CIA와 인큐텔의 역할

팔란티어의 위기 속에서 CIA 산하의 인큐텔 투자는 결정적인 전환점이 되었습니다. 인큐텔은 1999년 CIA가 설립한 벤처투자 조직으로, 더딘 정부 조달 절차를 우회하여 첨단 기술 기업에 투자함으로써 정보기관에 필요한 혁신을 끌어들이는 창구였습니다. 앞서 만난 투자자가 "정부와 협업하려면 인큐텔과 이야기하라"고 권유했을 때, 팔란티어 팀은 워싱턴 D.C.의 세계에 대해 아는 바가 없었지만, 마지막 기대를 걸고 접촉했습니다. 인큐텔 CEO였던 길맨 루이Gilman Louie와의 첫 미팅을 위해 팔란티어 엔지니어들은 불과 두 달여 동안 밤낮없이 시연용 소프트웨어를 만들어 냈습니다. 완성되지 않은 백엔드back-end는 폭죽처럼 눈길을 끄는 인터페이스로 잘 안 보이게 가리고서, 일단 정부 관계자들에게 데이터 연결 분석의 가능성을 보여주는 데 주력했습니다. 다행히도 루이 대표는 팔란티어의 시연을 인상적으로 지켜본 뒤 "당신들이 대테러에 도움이 안 되더라도, 비디오게임 분야에선 큰 성공을 거둘 것"이라고 농담할 만큼 팔란티어의 가능성을 높이 평가했습니다.

2005년경 인큐텔은 팔란티어에 약 200만 달러의 시드 투자를 집행했습니다. 금액 자체는 팔란티어가 투입한 총 개발비(당시 약 4,000만 달러)에 비하면 작았지만, 이 투자는 단순한 자금 그 이상의 의미가 있었습니다. 인큐텔이 팔란티어 팀을 미 정보기관의 실제 현장 분석가들과 연결시켜 주었기 때문입니다. CIA를 비롯한 정보 분석관들이 직접 팔란티어 소프트웨어의 초기 버전을 테스트해 보고 피드백을 주는 파일럿 프로그램이 시작된 것입니다.

팔란티어 공동창업자들은 이후 3년여에 걸쳐 수백 차례 워싱턴으로 날아가 일선 정보분석관들을 만났고, 사용자의 요구를 듣고 캘리포니아로 돌아와 소프트웨어를 개선하는 사이클을 끊임없이 반복했습니다. 한 정부 호스트는 미팅에서 팔란티어 개발자 스티븐 코헨을 가리켜 "이 사람은 'Mr. 2주', 여러분이 원하는 건 무엇이든 2주 안에 만들어 준다."라고 소개했고, 실제로 팔란티어 팀은 놀라운 기동력으로 기능을 추가하며 분석관들의 요구에 대응했습니다. 이러한 사용자 참여형 개발을 통해 팔란티어는 정보기관이 진정 필요로 하는 기능을 갖춘 맞춤형 분석 플랫폼으로 다듬어져 갔습니다.

정보기관과 협력하는 과정에서 팔란티어 팀은 데이터 접근 권한과 보안 통제가 무엇보다 중요하다는 것을 깨달았습니다. 서로 다른 기관이 데이터를 공유하려면 민감한 자료의 권한 관리가 필수입니다. 팔란티어는 사용자의 보안 등급에 따라 특정 정보에 대한 접근을 제한하는 기능을 설계했는데, 예를 들어 어떤 분석가에게 특정 드론 영상이나 첩보 보고서를 볼 수 있는 인가가 없다면 해당 데이터는 검색되더라도 내용을 열람할 수 없도록 한 것입니다. 이처럼 철저한 세분화 권한 제어와 감사 기록audit trail 기능을 내장함으로써, 팔란티어는 협업과 보안이라는 상충하기 쉬운 두 가치를 모두 잡고자 했습니다. 정교한 보안장치를 통해서만 정보기관들이 안심하고 데이터 공유에 나설 수 있기에, 이러한 설계는 팔란티어 소프트웨어가 정부 내부 반발을 극복하고 채택되기 위한 선결 조건이었습니다.

인큐텔의 주선으로 이루어진 초기 시험 적용 중 가장 극적인 일화는 CIA 본부 내 대테러센터CTC의 파일럿이었습니다. CIA는 팔란티어가 아직 정식 계약을 따내기도 전인 이 시기에, 이례적으로 자신들의 최고 기밀 데이터망 일부에 팔란티어 소프트웨어를 설치하도록 허용했습니다. 이는 작은 신생 기업에게는 꿈같은 기회이자, CIA 내부 규정으로 보면 파격적인 일이었습니다. 팔란티어 팀은 몇 달 동안 무상으로 시스템을 운영하며 실제 첩보 데이터를 분석해 성능을 입증하는 데 매진했고, 마침내 CIA 관계자들을 설득하는 데 성공했습니다.

팔란티어 소프트웨어가 방대한 첩보 데이터 속에서 유의미한 연관성을 찾아내고, 분석 업무를 비약적으로 효율화하는 가능성을 눈앞에서 확인한 CIA는, 정식으로 팔란티어를 도입하는 결정을 내립니다. 이렇게 2008년 무렵 팔란티어는 창립 후 첫 번째 고객으로 CIA(또는 미 국방부 폭발물 대응 조직)를 확보하며 수익을 올리기 시작했습니다. (CEO 카프는 고객의 구체적인 이름을 밝히지는 않았지만, 소식통들은 초기 고객으로 CIA 또는 미군의 급조폭발물 대응팀을 지목하고 있습니다.)

초기 개발과 도전 과제

비록 첫 계약을 성사시켰지만, 팔란티어의 앞길에 장애가 없던 것은 아닙니다. 초창기 팔란티어 팀은 정부 기관의 보수적인 관행과 거대 경쟁자들의 존재라는 두 벽에 부딪혔습니다. 정부 소프트웨어 사업은 전통적으로 대기업 방산업체들이 장악하고 있었고, 많은 정보기관은 이미 거액을 들여 자체 개발한 기존 분석 시스템을 보유하고 있었습니다. 이 때문에 현장 요원들이 팔란티어의 새로운 도구를 높이 평가하더라도, 조직 상층부나 기존 벤더들은 외부 신생 기업의 솔루션을 달가워하지 않는 분위기가 있었습니다. 실제로 팔란티어가 미 육군 정보부대에 도입되는 과정에서, 군 상부가 기존에 개발 중이던 프로그램을 이유로 팔란티어 사용을 반대하여 논란이 빚어지기도 했습니다.

하지만 팔란티어는 이러한 저항을 현장 사용자들의 지지를 통해 정면 돌파했습니다. 애초 팔란티어는 고위 관료를 공략하기보다 일선 분석관과 실무자들을 만족시키는 전략을 택했고, 초기 파일럿에 참여했던 분석관들이 "이 도구가 게임 체인저game-changer"라며 다른 부서나 기관에 입소문을 내주었습니다. 아프가니스탄 등 전장 최전선의 병사와 정보요원들도 팔란티어를 사용해 보고는 상부에 지속적으로 정식 도입을 건의했습니다. 이렇듯 아래로부터 형성된 자발적 수요는 조직 내부의 반발을 눌러버릴 만큼 강력한 추진력이 되었고, 결국 여러 정부 기관이 팔란티어를 도입하는 계기가 되었습니다.

팔란티어 내부적으로도 '완벽주의'와 '현실 자금압박' 사이에서 오는 어려움이 있었습니다. 알렉스 카프 CEO는 제품의 완성도를 높이기 위해 출시를 미루면서까지 개발에 공을 들였는데, 이 때문에 2008년 중반까지 매출 '0'인 상태가 지속되자 투자자들조차 조바심을 내기도 했습니다. 그럼에도 팔란티어 팀은 단기 수익보다 제품의 철저한 검증과 효과 입증을 우선시했고, CIA 파일럿처럼 몇 달간 대가 없이 현장에서 뛰는 노력을 감수했습니다. 이러한 인내와 집념은 결과적으로 첫 계약으로 보상받았고, 2008년 말에 이르러 마침내 첫 매출이 발생했습니다. 한 개발자는 정부 관계자들 앞에서 시연을 마친 후 두 명의 고위 관료가 조용히 서로 하이파이브를 하는 모습을 목격했고, 그 순간 팔란티어의 성공을 예감했다고 회고했습니다.

이후 팔란티어는 직원 채용과 조직 확장을 시작하며 본격적으로 성장 궤도에 올랐습니다. 첫 정부 계약을 따낸 직후, 팔로알토의 새 사무실에는 급히 조립한 책상과 컴퓨터들이 들어찼고 밤낮없이 인턴과 신입 개발자들이 모여들었습니다. 직원들은 무료 세탁 서비스와 하루 세 끼 식사가 제공되는 실리콘밸리식 근무 환경에서 밤늦게까지 일했고, 금요일 밤이면 사무실에서 함께 게임을 즐기며 우의를 다졌습니다. 이렇게 모인 팔란티어 팀과 워싱턴 현장의 요구가 호흡을 맞추며, 첫 계약은 또 다른 계약으로 이어졌습니다.

2009년경부터 미 해병대, 특수작전사령부, 연방수사국FBI, 국토안보부 DHS 등 다양한 정보기관과 군, 경찰 조직이 팔란티어를 속속 도입하기 시작했습니다. 특히 미 해병대와 육군 등은 팔란티어를 활용해 이라크 및 아프가니스탄에서 폭탄 테러 조직을 소탕하는 데 성과를 거두었고, 금융 범죄 수사기관은 팔란티어를 통해 대규모 폰지 사기였던 버니 메이도프 사건의 전모를 규명하는 데 기여하기도 했습니다. 팔란티어가 초기의 난관을 뚫고 거둔 이러한 성공 사례들은 더 많은 기관이 팔란티어를 신뢰하고 채택하게 만드는 촉매제가 되었습니다.

팔란티어 테크놀로지스의 탄생 배경에는 9.11 테러라는 시대적 충격, 구식 정보분석 체계의 한계, 실리콘밸리 기술로 국가안보를 지키겠다는 창업자들의 열망, 그리고 CIA 인큐텔의 지원과 끈질긴 현장 검증 노력이 한데 어우러져 있습니다. 초기엔 작은 스타트업에 불과했지만, 정보 분석의 패러다임 전환이라는 시대적 요구 속에서 팔란티어는 독보적인 위치를 확보하게 되었습니다. 방대한 데이터를 연결하고 시각화하여 숨은 패턴을 찾는 능력, 그리고 이를 통해 테러를 사전에 차단한다는 팔란티어의 목표는 9.11 테러 이후 변화한 정보기관의 필요와 정확히 맞아떨어졌습니다. 동시에 시민의 자유와 프라이버시를 존중하면서도 안보를 지킬 수 있다는 철학은 정부와 대중의 균형 잡힌 지지를 끌어냈고, 팔란티어를 오늘날의 정보분석 기술 분야 선두 주자로 성장시키는 기반이 되었습니다.

CHAPTER 3

냉철한 전략가와
철학도 이상주의자의
만남

창업자와 경영진의 철학
피터 틸과 알렉스 카프의 철학과 경영 스타일

피터 틸의 실리콘밸리 철학: 경쟁이 아닌 독점

팔란티어의 공동 설립자 피터 틸은 실리콘밸리에서 독보적인 철학을 지닌 인물로 알려져 있습니다. 그는 "경쟁을 통해 성장한다."라는 오랜 전통의 신념을 거부하고 오히려 "경쟁은 패자를 위한 것"이라고까지 말합니다. 틸은 "모든 성공한 기업의 공통점은 경쟁을 벗어나 독점적 지위를 확보한 것이다."라고 주장하며, 스타트업 창업자들에게 남들과 싸우기보다 아예 새로운 시장을 개척해 독점적 위치를 노리라고 조언합니다. 그의 베스트셀러 『제로 투 원Zero to One』에서도 틸은 "만약 오래 지속되는 가치를 창출하고 포획하고 싶다면, 차별화 없이 경쟁하는 사업을 만들지 말라."라고 강조했지요.

이러한 철학의 배경에는 장기적 사고방식에 대한 틸의 확신이 자리하고 있습니다. 틸은 완벽한 경쟁 상태에서는 기업이 오늘의 생존에만 급급해 장기 계획을 세울 수 없지만, 독점적 지위를 가진 기업만이 단기 이익을 넘어 먼 미래를 준비할 수 있다고 봤습니다. 예를 들어 구글 같은 독점적 기업은 경쟁 압박이 적기 때문에 직원 복지나 윤리적 영향까지 신경 쓰며 장기적인 혁신을 도모할 여유가 생긴다는 것입니다. 틸은 "독점적 위치에 올라선 기업만이 돈 버는 것 이외의 것들을 생각할 수 있고, 완전 경쟁 하에서는 하루하루의 마진에 쫓겨 장기 미래를 계획할 수 없다."라고 단언했습니다. 다시 말해, 독점적 수익monopoly profits을 얻어야만 일상의 생존 투쟁을 넘어설 수 있다는 것입니다.

피터 틸의 이러한 철학은 팔란티어의 전략에도 고스란히 반영되었습니다. 그는 팔란티어를 2003년 공동 창업할 당시부터 "사소한 개선이 아닌 세상을 바꿀 새로운 발명"을 지향했습니다. 회사 이름부터가 특별한데, 틸은 J.R.R. 톨킨의 『반지의 제왕』에 나오는 '팔란티어palantír', 즉 멀리 떨어진 곳을 염탐할 수 있는 투명한 수정구에서 영감을 받아 회사명을 지었습니다. 이는 멀리 내다보는 통찰력과 비전을 상징하는 동시에, 팔란티어가 표방한 사명감 – '중간계를 지키는 것Save the Shire' – 을 드러내는 것이기도 했습니다. 실제로 틸은 팔란티어를 '미션 지향적 회사'로 구상했고, 페이팔에서 개발한 사기 탐지 소프트웨어를 테러 대응에 응용함으로써 "테러리즘을 줄이면서도 시민의 자유를 지키는" 것을 목표로 삼았습니다. 이러한 비전은 기존 질서를 파괴하면서 혁신을 일으키는 '창조적 파괴'와는 결이 달랐습니다. 틸은 남을 몰아내는 경쟁보다는 새로운 판을 짜는 혁신을 중시했고, 시장 자체를 재창조하여 독점적 우위를 얻는 것이 가장 강력한 성장 전략이라고 믿었습니다.

피터 틸의 장기적 관점은 팔란티어의 운영 방식에도 영향을 주었습니다. 일반적인 스타트업이 수년 내에 상장을 추진하며 단기 성과를 좇는 것과 달리, 팔란티어는 무려 17년간이나 비공개 기업으로 남아 있었습니다. 2003년 설립된 팔란티어는 거의 20년에 가까운 시간을 '그림자 속에서' 보내며 실력을 쌓았고, 이는 벤처 투자회사들 사이에서는 이례적인 일이었습니다. 그 사이 팔란티어는 제품, 매출, 고객 기반을 내실 있게 다지며 기초를 단단히 다졌습니다. 틸과 경영진은 성급히 대중의 관심을 받기보다 정부 기관과 같은 까다로운 고객과의 신뢰 구축, 기술 완성도를 높이는 데 집중했습니다. 이러한 느긋하지만 확고한 성장 전략 덕분에 팔란티어는 2020년이 되어서야 비로소 상장했는데, 상장을 눈앞에 둔 시점에서도 회사 내부 정보는 철저히 베일에 가려져 있어 외부 관찰자들에게는 '비즈니스 상태가 미스터리'로 불릴 정도였습니다. 틸이 강조한 독점 지향, 장기 전략이 팔란티어를 오랜 잠행 끝에 나타난 강자로 만들어낸 셈입니다.

알렉스 카프의 철학적 배경과 독특한 경영 스타일

팔란티어의 또 다른 얼굴인 알렉스 카프는 실리콘밸리 CEO들 가운데서도 이례적인 이력과 리더십을 가진 인물입니다. 카프는 철학 박사 출신 CEO로, 스타트업 창업자 치고는 상당히 학구적이고 비전통적인 배경을 지녔습니다. 학부 시절 펜실베이니아의 하버포드 대학에서 철학을 전공한 그는, 스탠퍼드 법대를 거쳐 독일 프랑크푸르트의 괴테 대학에서 사회이론으로 박사 학위를 취득했습니다. 특히 독일의 저명한 철학자 위르겐 하버마스 밑에서 수학한 것으로 알려져 있는데, 이러한 배경 덕분에 카프는 기술 업계에서 보기 드문 비주류적 사고방식과 비판적 시각을 갖추게 되었습니다. 실제로 2018년 「월스트리트저널」 보도에 따르면 카프는 자신을 '자칭 사회주의자'로 묘사할 만큼 진보적인 성향을 가지고 있었습니다. 어린 시절 히피 성향의 부모 아래에서 자라며 노동권 시위나 반전 시위에 참여했던 경험까지 더해져, 카프의 세계관은 실리콘밸리의 전형적인 자유방임주의와는 다른 결을 띱니다.

이러한 철학적 뿌리는 그의 경영 스타일에도 뚜렷이 나타납니다. 알렉스 카프는 기술 업계에서 흔치 않은 방식으로 회사를 이끌었는데, '통념을 깨는 괴짜 CEO'라는 별칭이 따라다닐 정도로 독특한 모습을 자주 보였습니다. 예를 들어, 그는 정장 차림 대신 알록달록한 스포츠웨어 차림으로 나타나곤 하고, 사무실에는 태극권 연습용 검을 비치해 두었다가 동료 창업자들과 복도에서 즉흥적으로 무술 대련을 펼치기도 했습니다. 심지어 실리콘밸리의 사무실 대신 헛간에서 작업하기를 즐긴다는 농담 섞인 일화도 유명합니다. 팔란티어 직원들은 그가 종종 맨발로 사무실을 거닐거나 명상하는 모습을 보았다고 전하며, 카프는 "내가 팔란티어 생각을 하지 않을 때는 수영을 하거나 기공 수련을 하거나 성생활을 할 때뿐"이라고 농담 반 진담 반의 말을 하기도 했습니다.

카프의 리더십 철학은 단순한 괴짜 행동에 그치지 않고 기업 문화 전반에 영향을 주었습니다. 그는 직원들의 심신 건강과 윤리의식을 중시하여, 사내에 명상 세션을 직접 이끌고 모두의 정신적 균형을 돌보는 모습도 보였습니다. 실제로 팔란티어에서 카프는 태극권Qigong 단체 수련을 주도하고, 직원들에게 명상과 웰빙을 강조함으로써 스트레스가 많은 업무 환경 속에서도 균형을 찾도록 도왔습니다. 이러한 행보는 "기술 업계의 이윤 중심 풍토에 도전"하는 윤리적 리더십의 실천으로 평가받고 있습니다. 카프는 빅데이터와 첨단 기술이 사회에 미칠 영향에 대해 깊이 숙고하며, 회사가 돈을 버는 것 이상으로 올바른 일을 하고 있는지를 끊임없이 자문한다고 알려져 있습니다. 예컨대, 기술 기업의 규제 필요성을 역설하며 기술 영향력이 사회에 해악을 끼치지 않도록 엄격한 감독이 필요하다는 입장을 공개적으로 밝히기도 했습니다. 이는 실리콘밸리의 많은 CEO가 "우리는 도구만 제공할 뿐, 사용에 대한 책임은 사회에 있다."라는 식으로 말하는 것과는 사뭇 대조적입니다.

또한 카프는 직원들과의 소통에서도 탈권위적인 모습을 보입니다. 그는 회사 구내식당에서 젊은 직원들과 허물없이 어울리고, 직원들이 그에게 부담 없이 쓴소리할 수 있도록 노력하는 편입니다. 팔란티어 내부에서는 엔지니어도 스스로를 컨설턴트라 부를 정도로 각자가 고객 문제 해결에 밀착하는 문화가 있는데, 이러한 수평적이고 현장 중심적인 문화 배경에는 카프의 임직원 모두 동료이자 문제 해결사라는 철학이 깔려 있기 때문입니다. 그는 팔란티어가 사회에 실질적 가치를 주는 솔루션을 제공해야 한다고 믿었고, 그래서 엔지니어라도 고객과 직접 부딪치며 일하도록 이끌었습니다. 팔란티어만의 독특한 기업 문화에는 이처럼 철학자 CEO 알렉스 카프의 가치관이 짙게 배어 있습니다.

극과 극 두 리더의 협력과 갈등 조율

피터 틸과 알렉스 카프는 언뜻 보기에는 극과 극인 인물들입니다. 한 명은 페이팔 마피아 출신의 투자자이자 냉철한 전략가이고, 다른 한 명은 철학도 출신의 이상주의자 CEO이니 말입니다. 실제로 두 사람은 정치적 성향부터 경영 스타일까지 여러 면에서 차이가 납니다. 예를 들어, 틸은 공화당을 지지하고 자유지상주의적 관점을 지닌 것으로 유명한 반면, 카프는 민주당 지지자이며 스스로 사회주의적 성향이 있다고 밝힐 만큼 진보적입니다. 이러한 차이는 2016년 미국 대선 즈음 두드러졌는데, 틸이 공개적으로 도널드 트럼프를 지지하자 팔란티어 내부에서는 긴장감이 흘렀습니다. 반면 카프는 트럼프 행정부와도 일하면서도 개인적으로는 민주당의 카말라 해리스를 지지했고, 틸의 정치적 행보 때문에 "회사의 일 처리에 어려움이 커졌다."라고 토로하기도 했습니다. 직원 채용이나 외부 평판 관리 면에서 보수 성향 틸의 존재가 부담이 될 수 있었기 때문입니다.

그럼에도 이렇게 이질적인 두 명은 30년 지기 오랜 인연을 바탕으로 팔란티어를 함께 성공적으로 이끌어왔습니다. 둘의 협력 관계는 스탠퍼드 대학 시절 룸메이트로 거슬러 올라갑니다. 1990년대 초 법대 동기로 만나 밤새 철학과 사회, 비즈니스에 대해 토론하던 그들이었기에, 비록 견해 차이는 있어도 서로의 지성을 존중하며 건설적인 논쟁을 하는 데 익숙했습니다. 카프는 "피터와 나는 30년째 싸워오며 지내왔다."라고 웃으며 말한 적도 있는데, 그렇게 끊임없는 논쟁과 토론이 오히려 사업을 발전시키는 밑거름이 되었다는 것입니다. 틸 또한 의견 충돌을 두려워하지 않았고, 중요한 의사 결정 때마다 카프와 철학적 논쟁을 벌이며 최선의 해법을 찾아갔다고 전해집니다.

팔란티어 초창기부터 주요 방향을 결정할 때 두 사람은 각기 다른 관점으로 접근했고, 덕분에 사안을 다각도로 검토할 수 있었습니다. 예컨대, 어떤 고객과 계약을 맺을 것인지에 대해 틸은 비즈니스적인 가치와 전략적 이득을 강조하면, 카프는 윤리적 타당성과 직원 사기를 고려하는 식이었습니다. 결국 이러한 상호 보완적 역할 분담을 통해 더 나은 결정을 내릴 수 있었지요.

팔란티어의 주요 의사 결정에서 틸과 카프는 각자의 강점을 살려 역할을 분담했습니다. 피터 틸은 회사의 장기 비전과 대외 전략에 집중했습니다. 투자자들과의 관계 구축, 정부 고위층과의 네트워킹, 그리고 팔란티어의 제품 방향성 설정 등에 틸의 영향력이 미쳤습니다. 그는 초기 페이팔 사기 탐지 기술을 팔란티어 아이디어로 연결한 장본인이자, 창업 초기에 자신의 자금 3,000만 달러 이상을 투입하여 회사를 뒷받침한 든든한 후원자였습니다. 또한 CIA 산하 벤처캐피털 인큐텔 투자 유치에도 틸의 네트워크와 설득력이 큰 역할을 했습니다.

한편 알렉스 카프는 CEO로서의 일상적 운영과 대외 커뮤니케이션을 도맡았습니다. 기술 개발 자체는 공동창업자였던 스티븐 코헨 등 엔지니어 출신들이 주도했지만, 카프는 최전선에서 고객(미국 정부 기관 등)을 상대하며 팔란티어 솔루션을 설명하고 신뢰를 쌓았습니다. 초창기 카프는 정보기관 출신도 아니고 기술자도 아니었지만, 오히려 철학자다운 분석 능력과 소통력으로 관료들을 설득했다고 전해집니다. 그는 복잡한 소프트웨어 플랫폼의 원리를 비전문가에게도 이해시키는 한편, 데이터 분석이 민주사회의 가치를 지키는 데 어떻게 기여하는지 큰 그림을 그려 보여주었습니다. 팔란티어의 첫 정부 계약을 따내기까지 4년(2004~2008년)이 걸렸는데, 이 기간 동안 카프는 워싱턴 D.C.에서 발로 뛰며 고객의 요구를 듣고 제품 개발팀과 피드백을 주고받는 인내심과 집념을 발휘했습니다.

물론 협력의 과정이 항상 순탄한 것만은 아니었습니다. 예를 들어, 상장을 앞둔 시점에 틸과 카프는 상장 방식과 기업 공개 이후의 전략을 놓고 이견을 보이기도 했습니다. 틸은 오랜 투자자로서 최대한 기업 가치를 높이고 투자 회수에 유리한 조건을 선호했을 수 있지만, 카프는 상장을 하더라도 팔란티어의 경영 철학과 고객 관계를 훼손하지 않는 방식을 고심했습니다. 결국 팔란티어는 2020년 직상장DPO이라는 이례적인 선택을 했는데, 이는 기존 투자자의 이익과 기존 경영진의 통제력 유지를 모두 고려한 절충점이었습니다. 이 결정에도 두 사람의 충분한 논의와 합의가 밑받침되었지요. 서로 다른 견해가 충돌할 때 최종적으로는 팔란티어의 미션과 장기적 이익이라는 공통의 목표로 돌아와 뜻을 모은 덕분에, 틸과 카프의 파트너십은 20년 가까이 유지하며 회사를 이끌 수 있었습니다. 한 팔란티어 직원은 "두 사람이 언쟁할 때면 마치 한 명은 극한의 현실주의자, 다른 한 명은 이상주의자가 싸우는 듯 보이지만, 끝에는 항상 더 나은 결론에 다다랐다."라고 회고했습니다. 그렇게 정반합正反合의 과정을 거치며 팔란티어는 성장했습니다.

팔란티어의 기업 문화와 실리콘밸리의 차이점

팔란티어의 내부 문화와 사업 방식은 전통적인 실리콘밸리 빅테크 기업들과는 사뭇 다릅니다. 우선 팔란티어는 비공개적이고 은둔적인 기업 문화로 유명합니다. 구글이나 페이스북(메타) 등이 열린 문화를 표방하며 자사 플랫폼 사용자와 생태계를 확장해 가는 반면, 팔란티어는 소수의 기관 고객에게 집중하며 외부에 정보가 거의 공개되지 않는 방향을 택했습니다. 실제로 팔란티어는 오랫동안 홍보를 자제하고 언론 노출을 최소화하여, '실리콘밸리에서 가장 비밀스러운 유니콘 기업'이라는 별칭을 얻기도 했습니다. 팔로알토에 있던 팔란티어 본사 건물에는 한때 간판조차 내걸지 않았다는 일화가 있을 정도로, 회사는 자신들을 둘러싼 베일을 전략적으로 활용했습니다. 이는 고객이 대부분 국가 안보 기관이기에 보안과 기밀 유지가 중요하다는 현실적인 이유도 있지만, 동시에 틸과 카프가 의도적으로 과도한 대중의 관심에서 벗어나 조용히 문제 해결에 집중하는 문화를 조성하고자 한 것이기도 합니다. 한 전직 팔란티어 직원은 "우리 회사에는 늘 비밀스러운 신비로움이 감돌았지만, 속내를 들여다보면 결국 기업용 소프트웨어 사업을 하고 있을 뿐이다."라고 말하기도 했습니다. 겉으로 풍기는 첩보 영화 같은 이미지와 실제 업무의 차이를 지적한 말이지만, 그만큼 팔란티어가 자신들을 둘러싼 이야기와 이미지를 스스로 통제했다는 뜻이기도 합니다.

또한 주요 고객층의 차이도 팔란티어 문화를 독특하게 만들었습니다. 실리콘밸리의 다른 거대 기술 기업들이 전 세계 일반 소비자나 광고주를 상대로 비즈니스를 펼치는 반면, 팔란티어의 주요 고객은 정부 기관과 대기업이었습니다. 특히 창업 이후 오랜 기간 매출의 상당 부분이 미국 정보기관, 국방부, 연방수사국FBI 등 정부 계약에서 나왔지요. 이러한 B2GBusiness to Government 중심 모델은 스타트업으로서는 흔치 않은 선택이었고, 자연히 회사 문화도 정부 관료 조직과 함께 일하는 분위기로 형성되었습니다. 팔란티어 직원들은 방탄조끼 대신 후드티를 입은 공무원처럼 행동해야 할 때도 있었습니다. 프로젝트를 수행할 때 고객사(군대, 정보기관)의 보안 규정에 따라 격리된 현장 사무실에서 일하거나, 비밀 유지 서약NDA을 수시로 거쳐야 했습니다. 구글 직원들이 전 세계 해커톤에 나가 오픈소스 코드를 공유할 때, 팔란티어 엔지니어들은 비밀 유지 서약과 폐쇄망에서 코딩하는 식이었습니다. 이런 차이는 팔란티어 팀에 일종의 엘리트 의식과 결속력을 심어주었는데, 모두 "국가를 대신해 중요한 임무를 수행한다."라는 자부심으로 똘똘 뭉친 분위기였습니다. 한 공동창업자였던 조 론스데일은 정부가 매년 수백억 달러를 레이시언, 록히드마틴 같은 기존 업체들에 쓰는 현실을 보며 "정부에도 실리콘밸리 수준의 최고 엔지니어 기술을 전해주자."라는 취지로 팔란티어를 시작했다고 말했는데, 이러한 초심이 팔란티어 조직 문화에 그대로 이어져 기술로 애국한다는 독특한 모토가 되었습니다.

팔란티어와 실리콘밸리의 차이는 기업 가치관과 대외적 태도에서도 두드러집니다. 2020년 팔란티어가 상장을 준비하면서 공개한 설립자 서한은 이를 단적으로 보여주는데, 알렉스 카프는 이 서한에서 실리콘밸리의 공학 엘리트engineering elite들을 정면으로 비판했습니다. 그는 "실리콘밸리의 엔지니어 엘리트들이 소프트웨어 만드는 법은 잘 알지만, 사회를 어떻게 조직해야 하는지나 정의가 무엇인지에 대해서는 더 많이 알지 못한다."라고 일침을 놓았습니다. 또한 "팔란티어는 실리콘밸리에서 태어났지만, 이제는 그 기술 업계의 가치와 신념을 점점 덜 공유하게 되었다."라고 선언하며, 다른 빅테크 기업들과 노선을 달리함을 분명히 했습니다. 실제로 팔란티어는 본사를 캘리포니아에서 콜로라도 덴버로 이전하는 결정을 내렸는데, 카프는 캘리포니아를 떠나며 실리콘밸리에 작별을 고하는 듯한 메시지를 남겼습니다.

팔란티어의 이런 행보는 우버, 에어비앤비 등이 샌프란시스코 한복판에서 성장해 나간 것과 대조적입니다. 덴버는 미국의 보수와 진보 성향이 교차하는 '퍼플 스테이트'로 불리는데, 팔란티어는 일부러 이곳을 택함으로써 기술 기업이 한쪽 이념에 치우치지 않고도 성공할 수 있음을 보여주려한 듯했습니다. 덴버 주정부와 시민들은 팔란티어를 환영하며 "콜로라도는 보수와 진보가 함께 길을 찾는 협력의 정신이 있다."라는 말로 화답하기도 했지요. 팔란티어의 이념적 독립노선은 실리콘밸리 주류와 선을 긋는 동시에, 국가 안보와 기술 혁신이라는 두 가치를 모두 추구하려는 기업문화를 나타냅니다.

이처럼 팔란티어는 대중 소비자 대상 사업을 하지 않고도 눈부신 성장을 이뤘기에, 실리콘밸리에서는 다소 이질적인 성공 신화로 비쳐집니다. 또한 다른 빅테크 기업들이 중국 등 세계 시장을 적극 공략할 때, 팔란티어는 중국 비즈니스를 아예 포기하는 결정을 내렸습니다. 회사 S-1 서류에는 "중국 공산당과 함께 일하는 것은 우리의 문화와 사명에 부합하지 않는다."라고 명시되어 있습니다. 즉, 단기적 이익을 위해 중국이라는 거대시장에 진출하는 대신 자유민주주의 진영의 파트너로 남겠다는 결의를 표명한 것이지요. 이런 원칙론 덕분에 성장 기회 일부를 놓쳤을지 모르지만, 대신 미국 정부 및 동맹국들로부터의 신뢰를 확보했습니다. 이는 실리콘밸리의 성장 우선, 나중에 문제 해결 방식과 다른, '가치 우선, 선택적 성장'의 문화라고 볼 수 있습니다.

철학과 경영 전략이 회사 성장과 주요 결정에 미친 영향

팔란티어의 독특한 철학과 경영 방식은 회사의 성장 궤적과 주요 결정들에 지대한 영향을 미쳤습니다. 앞서 살펴본 틸과 카프의 철학은 단순한 개인 신념이 아니라, 회사의 비즈니스 전략과 의사 결정 원칙을 형성하는 기반이 되었습니다.

먼저 비즈니스 전략 측면에서, 틸이 강조한 독점 지향 전략은 팔란티어가 니치 시장의 절대 강자가 되는 결과로 이어졌습니다. 팔란티어는 창업 당시부터 '경쟁자가 거의 없는 영역'을 노렸고, 실제로도 한동안 동종 경쟁 스타트업을 찾기 어려울 만큼 독보적인 포지션을 차지했습니다. 예컨대 2000년대 중반, 팔란티어가 미국 정보기관들을 상대로 데이터 통합 소프트웨어를 제공할 때, 실리콘밸리의 여타 스타트업들은 소비자 웹서비스나 모바일 앱 등에 몰두해 있었습니다. 시장 경쟁 자체가 애초에 적었던 덕분에, 팔란티어는 외부와의 경쟁에 신경 쓰기보다 고객 문제 해결과 제품 완성도 제고에 집중할 수 있었습니다. 이것은 피터 틸이 말한 "10배 나은 제품을 만들어 경쟁을 무의미하게 한다."라는 전략과도 일치합니다. 실제로 팔란티어의 초기 제품 고담 플랫폼은 기존 관료 조직의 느린 정보시스템을 단숨에 대체할 혁신적인 성능을 보여주었고, 이로써 한번 팔란티어를 도입한 기관은 다른 선택지를 고려하지 않게 되는 효과를 낳았습니다. 고객 측 입장에서 보면 팔란티어는 없어서는 안 될 파트너가 되었고, 이는 곧 팔란티어의 높은 진입장벽을 뚫고 사실상의 독점력으로 이어졌습니다.

또한 장기적 안목을 중시한 경영 덕분에 팔란티어는 내실을 탄탄히 다지며 성장할 수 있었습니다. 틸과 카프는 눈앞의 이익보다는 앞으로 다가올 5년, 10년 후의 모습을 그리며 결정을 내리는 일이 많았습니다. 예를 들어 팔란티어는 한동안 수익성이 낮고 프로젝트성 성격이 짙은 계약들(초기에는 해군, FBI, CDC 등과의 소규모 계약)도 수주했습니다. 월가의 기준으로 보자면 "왜 그런 비효율적인 사업을 계속 하나" 싶을 만한 행보였지만, 경영진은 이런 작은 계약들을 통해 제품을 현장에 맞게 개선하고, 정부 생태계 내 신뢰와 경험을 쌓는 것이 장기적으로 중요하다고 판단했습니다. 그 결과 초기에는 적자와 시행착오를 겪었어도, 10년이 지나 팔란티어가 국방·정보 IT시장에서 누구도 무시 못 할 이름으로 자리매김하게 되었습니다. 2009년 월스트리트저널은 팔란티어를 가리켜 '미 국가안보 기구의 필수적인 일부', '테러리스트 사냥꾼들의 총애를 받는 도구'라고 평하며, 팔란티어 소프트웨어가 자살폭탄 테러를 미연에 방지하는 데 기여했다고 보도했습니다. 이런 평판이 누적되면서 팔란티어는 이후 대기업 상업 고객에게까지 "테러 잡는 기술로 회사를 혁신한다"라는 이미지를 어필하며 진출할 수 있었고, 결과적으로 시장 저변을 넓혔습니다.

한편, 알렉스 카프의 윤리의식과 비전은 팔란티어가 어떤 사업을 하고 하지 않을지를 결정하는 데 중요한 역할을 했습니다. 앞서 언급한 대로 팔란티어는 중국 사업 기회를 포기하고, 자유 진영의 정부들과만 협력하는 원칙을 세웠습니다. 이 결정은 기업의 단순한 손익 계산을 넘어 가치판단에 따른 것이었는데, 카프는 "미국과 동맹국을 위한 소프트웨어를 만들기도 벅차다. 적대 세력과는 일하지 않겠다."라는 입장이었습니다. 피터 틸역시 중국에 대한 강경한 견해를 갖고 있었기에, 둘은 이 부분에서 의견이 일치했고 팔란티어는 "우리가 믿는 서구의 이상을 위해 싸우겠다."라는 이미지를 분명히 했습니다. 이처럼 경영진의 철학적 신념이 전략적 선택을 규정한 사례는 팔란티어에 많습니다.

또 다른 예로, 팔란티어는 2019년 구글 등이 직원 반발로 포기한 미 국방부 AI 프로젝트(프로젝트 메이븐)를 적극 수주하는 결정을 내렸습니다.

카프는 이 사업을 두고 "사회가 무엇이 옳은지 결정해야 하며, 우리 소프트웨어가 법과 윤리에 따라 활용된다면 참여하는 것이 맞다."라는 식의 견해를 밝혔습니다. 반대로 윤리적 위험이 너무 크다고 판단된 제안에는 아무리 금전적 이득이 커도 거리를 두는 모습을 보였습니다. 이러한 선택과 집중은 팔란티어가 때로는 논란의 중심에 서게 했지만, 동시에 독자적인 길을 걸으며 충성도 높은 고객층을 확보하는 결과를 낳았습니다.

마지막으로, 팔란티어의 기업 공개IPO 과정에서도 틸과 카프의 철학은 고스란히 드러났습니다. 2020년 상장 당시 CEO 알렉스 카프는 이례적으로 도발적인 어조의 주주서한을 공개하며 팔란티어의 이념과 각오를 천명했습니다. 보통 기업들은 상장 시 중립적이고 긍정적인 메시지로 투자자들을 안심시키지만, 카프는 오히려 기술 업계와 사회에 대한 자신의 소신을 장황하게 풀어놓았습니다. 이는 팔란티어가 단순한 돈벌이 회사가 아니라 가치 지향적인 조직임을 강조한 대목입니다. 한편으로 피터 틸과 경영진은 월가의 단기 성과 압박에서 비교적 자유로워지기 위해 직상장DPO, Direct Public Offering을 택했고, 든든한 정부 고객 계약들을 기반으로 분기 실적의 변동성에 개의치 않고 장기 비전을 추진할 수 있음을 자신했습니다. 상장 후에도 카프는 "우리는 분기별 가이드라인(실적 전망치)을 제공하지 않겠다."라고 선언했는데, 이 역시 단기 주가보다 장기 가치를 중시하는 철학의 연장선입니다.

결과적으로 팔란티어는 철학이 이끈 경영을 통해 남들이 가지 않은 길을 개척했고, 그 과실을 거두고 있습니다. 2020년 9월 뉴욕 증시에 상장된 팔란티어는 초기 우려와 달리 꾸준히 정부·기업과의 굵직한 계약을 따내며 매출을 늘렸고, 두 설립자 모두 억만장자 반열에 올랐습니다. 그러나 그들은 성공에 안주하기보다 더 큰 그림을 바라보고 있습니다. 피터 틸은 여전히 팔란티어 이사회 의장으로서 새로운 시장(헬스 케어, 물류 분야 데이터 분석)에 도전할 기회를 모색 중이고, 알렉스 카프는 각국 정부 수반들을 만나 서구 사회의 안전 보장에 팔란티어가 기여할 방안을 논의하며 분주하게 움직이고 있습니다. 팔란티어의 이야기는 경쟁 대신 독점을 택한 틸의 철학, 비주류를 두려워하지 않은 카프의 리더십이 현실 세계에서 어떤 힘을 발휘하는지 보여줍니다. 두 사람이 만든 이 독특한 기업은 실리콘밸리의 일반적인 공식을 거부함으로써 오히려 그 생태계를 다양화시켰고, 기술이 세상에 기여하는 방식을 새롭게 정의해 나가고 있습니다. 팔란티어의 성장사는 철학과 경영이 결합해 빚어낸 한 편의 생생한 실화이며, 그 기반에는 틸과 카프 두 사람의 뚜렷한 신념과 조화로운 파트너십이 자리하고 있습니다.

CHAPTER 4

팔란티어는
무엇을 어떻게
파는가?

팔란티어의 제품과 기술

고담, 파운드리, 아폴로, AIP

각 제품의 역사와 개발 과정

팔란티어 고담: 팔란티어의 초기 주력 제품으로, 2000년대 중반 미국 정부와 정보 기관의 대테러 분석 지원을 위해 개발되었습니다. 페이팔의 사기 탐지 기술을 테러 방지에 응용하려는 피터 틸의 구상에서 출발했으며, CIA의 벤처펀드 인큐텔의 지원을 받아 2003년 창업 초기에 프로토타입이 만들어졌습니다.

고담 플랫폼은 서로 분리되어 있던 방대한 정부 데이터베이스들을 하나로 연결하고 통합 분석함으로써, 테러리스트의 움직임이나 잠재적 위협을 찾아내는 것이 목적이었습니다. 실제로 미 중앙정보국CIA, 연방수사국FBI, 국가안보국NSA 등 미국 정보기관과 국방부 등에서 채택하여 대테러 수사와 군사 정보 분석에 활용되었고, 2011년 오사마 빈 라덴 소재 파악 작전에도 팔란티어 고담 소프트웨어가 기여한 것으로 알려져 있습니다. 개발 초기에는 현장 정보분석관들과 긴밀히 협업하며 사용 피드백을 받아 기능을 개선했고, 고담은 국가 안보 현장에서 신뢰할 수 있는 통합 첩보 분석 도구로 자리매김했습니다.

팔란티어 파운드리: 정부 분야에서 쌓은 데이터를 통합하는 기술을 민간 기업과 공공기관의 요구 사항에 맞게 확장한 플랫폼입니다. 2010년대 중반 팔란티어는 금융, 제조, 의료 등 산업 전반에서 데이터가 폭증하고 부서마다 데이터 사일로가 생겨나는 문제에 주목했습니다. 이러한 문제를 해결하기 위해 2016년경 파운드리가 출시되었는데, 이는 기업의 운영 데이터를 한곳에 모아주는 중앙 '운영체제' 역할을 합니다. 예컨대, 서로 다른 데이터베이스와 엑셀 파일에 흩어진 정보를 자동으로 연결·정제하여 일관된 분석 가능한 형태의 데이터 자산으로 통합합니다.

원래 팔란티어의 정부용 제품(고담)과 별개로 상업 고객용 제품으로 설계되었으며, 이후 제조업, 금융, 헬스케어 등 다양한 업종의 기업에 도입되었습니다. 개발 과정에서 글로벌 기업들과 파일럿 프로젝트를 진행하며 요구 기능을 추가했고, 사용자가 코딩 지식이 없어도 데이터를 분석하고 시각화할 수 있는 직관적인 인터페이스를 갖추게 되었습니다. 이렇게 탄생한 파운드리는 팔란티어가 정부 중심에서 민간 시장으로 범위를 넓히는 계기가 되었습니다.

팔란티어 아폴로: 2010년대 후반, 팔란티어는 고객들이 자사 소프트웨어를 클라우드와 온프레미스 등 다양한 환경에서 끊김없이 사용할 수 있

도록 지원하는 배포 인프라의 필요성을 절감했습니다. 전통적으로 팔란티어는 고객 서버에 맞춤 설치형 소프트웨어를 제공해왔는데, 이러한 방식은 업데이트에 긴 시간이 걸리고 환경마다 수동 설정이 필요하다는 한계가 있었습니다. 이를 해결하기 위해 내부적으로 개발한 지속적 배포 Continuous Delivery 플랫폼이 아폴로입니다. 2019년경부터 가동되기 시작해 2020년에 대외적으로 소개된 아폴로는, 팔란티어 고담과 파운드리 소프트웨어가 어떤 환경에 설치되어 있든 중앙에서 자동으로 버전 업그레이드와 구성 변경을 배포할 수 있게 해주었습니다. 아폴로의 도입으로 팔란티어는 기존의 일회성 납품 형태에서 사스SaaS형 지속 서비스 모델로 비즈니스 전환을 이루었는데, 이는 소프트웨어 업데이트를 수시로 제공하고 모든 고객이 최신 기능을 신속히 활용하도록 하기 위한 전략이었습니다. 요약하면, 아폴로는 팔란티어의 소프트웨어 운영 통제센터mission control로서, 클라우드 기반의 자동화된 배포 체계를 구축하여 고객이 별도 노력 없이도 항상 최신 버전을 사용하게끔 한 혁신적 플랫폼입니다.

팔란티어 AIP(인공지능 플랫폼): Artificial Intelligence Platform의 약자로, 2023년 4월에 새롭게 공개된 팔란티어의 최신 제품입니다. 쳇GPT로 대표되는 생성형 AI 열풍과 고객들의 AI 활용 수요에 대응하여 개발되었으며, 거대언어모델LLM, Large Language Model 등의 최첨단 AI를 팔란티어의 기존 데이터 플랫폼에 통합하는 역할을 합니다. 2023년 시연 영상에서는 군사 작전 시나리오에서 사용자가 대화형 AI 비서chatbot에게 정찰 드론 투입을 명령하고 정보를 요약받는 모습이 공개되어 화제가 되었는데, 팔란티어는 이때 AI가 자동으로 치명적 결정을 내리지 않도록 인간 통제를 필수화하는 원칙을 강조하기도 했습니다. AIP의 개발 과정에서는 팔란티어 파운드리 플랫폼과의 긴밀한 연계가 중점이었는데, 기업 고객이 자사의 방대한 민감 데이터를 클라우드 외부로 유출하지 않으면서도 사내에서 안전하게 AI를 활용할 수 있도록 하는 것이 목표였습니다. 출시 이후 팔란티어는 고객사들과 단기 집중 실습^{bootcamp}을 통해 AIP 적용 사례를 빠르게 만들어 내고 있으며, 처음 접한 사용자도 며칠 내 프로토타입을 구축할 수 있을 정도로 사용 편의성에도 신경을 썼습니다. AIP는 팔란티어 기술진이 수년간 연구해온 엔터프라이즈 데이터 온톨로지 개념을 바탕으로 만들어져서, AI가 기업의 실제 데이터와 업무 맥락을 이해하고 의사 결정을 도울 수 있게 한 것이 특징입니다. 팔란티어에게 AIP는 향후 AI 시대를 대비한 핵심 플랫폼으로, 기존 고담과 파운드리에 AI의 지능을 불어넣는 역할을 하며 빠르게 발전하고 있습니다.

기술적인 특징과 차별점

데이터 통합과 핵심 아키텍처: 팔란티어의 모든 플랫폼에는 방대한 이종 데이터를 효율적으로 통합·분석하는 기술력이 깔려 있습니다. 고담은 본래 여러 기관에 분산된 방대한 데이터를 한데 모아 단일한 통합 데이터 자산으로 변환시켜 주는 기능으로 주목받았는데, 사용자가 구조적 데이터 쿼리 언어인 SQL^{Structured Query Language} 같은 코드를 작성하지 않고도 다양한 데이터 소스에서 패턴을 탐지하고 연결 관계를 시각적으로 탐색할 수 있도록 설계되었습니다. 이는 데이터베이스 간 연계가 어려워 각 시스템을 개별적으로 검색해야 했던 과거 방식과 달리, 한 번에 통합 조회 및 분석이 가능하도록 한 혁신이었습니다. 파운드리 역시 대용량 데이터 처리와 통합에 중점을 둔 플랫폼이며, 기술 스택 면에서 분산 컴퓨팅과 빅데이터 처리 기술(Apache Spark 등)을 활용하여 대기업의 데이터를 빠르게 병합·가공할 수 있습니다.

파운드리의 가장 큰 기술적 특징은 온톨로지Ontology 개념인데, 기업의 객체(제품, 공정, 계약 등)와 그 관계를 데이터 모델로 정의해 업무 현황을 디지털 쌍둥이처럼 표현합니다. 이 온톨로지 레이어 덕분에 단순한 데이터 나열이 아니라 비즈니스 맥락까지도 플랫폼에 녹아들어 있으며, 나아가 AI가 이해할 수 있는 형태로 조직의 지식을 구조화해 준다는 점에서 독보적입니다. 한편 팔란티어 제품들은 주로 자바Java, 파이썬Python 등의 언어 기반의 마이크로서비스 아키텍처로 구현되어 있고, 다양한 API 연계를 지원하여 기존 시스템들과도 쉽게 통합되도록 설계되었습니다.

사용자 인터페이스와 분석 도구: 팔란티어 플랫폼은 비전문가도 사용할 수 있는 직관적 UI를 지향합니다. 고담은 정보 분석관들이 교육을 거쳐 직접 위협 검색, 연결망 분석, 지리적 시각화 등을 수행할 수 있는 인터페이스를 제공하는데, 예를 들어 용의자의 통화기록, 금융 거래, 출입국 기록 등을 시계열 및 네트워크 그래프로 엮어 보여줌으로써 잠재적인 연관관계를 한눈에 파악할 수 있게 합니다. 기존의 데이터 분석 도구들이 단순 조회나 통계에 머물렀다면, 고담은 상황 인지와 추론까지 돕는 도구로 발전한 것입니다. 파운드리는 기업 데이터를 위한 저장부터 분석, 대시보드까지 원스톱 플랫폼으로, IT 부서뿐 아니라 현업 부서도 활용할 수 있도록 로우코드/노코드 도구를 포함하고 있습니다. 예를 들어, 사용자는 드래그

앤드롭 방식으로 데이터 파이프라인을 구축하거나, SQL/파이썬에 익숙한 분석가는 노트북 환경(Jupyter Lab 등)으로 깊이 있는 분석을 하되 그 결과를 동일 플랫폼에서 공유할 수 있습니다. 이러한 통합 개발환경과 사용성은 팔란티어의 차별화 요소로, 개별적으로 데이터를 저장하고 별도의 시각화 도구로 불러와 보는 경쟁 솔루션 대비 시간 단축과 협업 효율을 제공합니다. 기술을 다루는 웹사이트 테크리퍼블릭TechRepublic등의 비교에 따르면, 팔란티어는 파일 기반 데이터 레이크처럼 고객이 자사 데이터 인프라를 그대로 활용하면서 분석할 수 있게 하는 반면, 경쟁사 스노우플레이크는 자체 클라우드에 데이터를 복제·저장하여 분석하는 전통적 데이터 웨어하우스 접근을 취하고 있어 접근 방식에 근본적인 차이가 있습니다. 요컨대 팔란티어의 파운드리는 데이터 통합과 분석을 기업 맞춤형 '운영체제'로서 제공하기 때문에 유연성과 맞춤화 측면에서, 그리고 엔드투엔드 기능 측면에서 차별화됩니다.

데이터 보안과 접근 관리: 팔란티어는 정부 기밀 데이터를 다루면서 쌓은 경험을 바탕으로, 자사 플랫폼에 엄격한 보안 통제 기능을 구현해 놓았습니다. 모든 플랫폼 공통으로 권한이 있는 사용자만 사용할 수 있는 역할 기반 접근 제어RBAC, 데이터 분류 등급에 따른 통제, 그리고 데이터 사용 목적에 따른 제한 등 다층적인 권한 관리 체계를 제공합니다. 예를 들어 어떤 정보는 관리자와 특정 팀만 볼 수 있도록 하거나, 기밀 등급이 다른 사용자에게는 자동으로 필터링되어 보이는 식의 세분화된 권한 설정이 가능합니다. 또 시스템 전반에 감사 로그audit log가 남도록 하여 누가 언제 어떤 데이터에 접근했고 편집했는지 추적할 수 있어, 보안 사고 발생 시

원인을 파악하고 대응하기 쉽습니다. 이러한 통합 보안 모델은 플랫폼 전 범위에 걸쳐 일관되게 적용되는데, 예컨대 파운드리에서 설정한 데이터셋 권한은 그 데이터를 이용해 만든 AI 모델이나 대시보드에도 자동으로 승계되어 보안과 거버넌스의 일관성이 유지됩니다. 팔란티어는 프라이버시 보호를 위해서도 데이터 마스킹, 익명화 기법 등을 내장하고 있으며, 유럽 연합의 일반 데이터 보호 규정GDPR 같은 규제 준수를 위한 관리 도구도 함께 제공합니다. 이러한 보안 기능들은 팔란티어가 미국 국방성으로부터 IL5 보안 인가(임무필수 국가안보 시스템 등급)를 획득할 정도로 검증된 것으로, 이는 팔란티어 솔루션이 가장 민감한 데이터도 다룰 수 있는 신뢰성을 지니고 있다는 방증입니다.

클라우드와 온프레미스 환경 지원: 팔란티어 제품의 또 다른 강점은 배포 유연성, 즉 고객의 다양한 IT 환경에 맞춰 동작할 수 있다는 점입니다. 많은 기업용 소프트웨어가 클라우드 환경에 최적화되어 온프레미스 지원이 부족하거나, 반대로 사내 설치형으로만 제공되는 경우가 있지만, 팔란티어는 "Write once, deploy anywhere(한 번 개발하면 어디서든 배포)" 철학을 실현하고 있습니다. 이를 가능케 한 핵심이 앞서 설명한 아폴로 플랫폼입니다. 아폴로를 통해 팔란티어는 자사 소프트웨어를 AWS, 애저 같은 퍼블릭 클라우드부터 고객사의 자체 서버, 심지어 네트워크가 단절된 에어갭 환경까지 모두 지원합니다. 예를 들어, 어떤 제조기업이 공장 내부 망(온프레미스)에서 팔란티어 파운드리를 사용하고 있다면, 팔란티어는 아폴로를 통해 원격으로 해당 공장 서버에 소프트웨어 패치를 적용하거나 새로운 기능을 업데이트할 수 있습니다.

반대로, 클라우드에서 쓰는 경우에도 동일한 아폴로 시스템으로 관리되므로 사용자 입장에서는 배포 위치에 상관없이 동일한 서비스 품질을 얻습니다. 특히 주기적인 자동 업데이트가 가능하다는 점에서, 팔란티어 소프트웨어는 온프레미스에 설치되어 있어도 마치 서비스형 소프트웨어^{SaaS}처럼 항상 최신 버전을 유지할 수 있습니다. 이러한 능력은 전통적인 소프트웨어 기업과 차별화되는 팔란티어만의 장점으로, 예컨대 완전히 격리된 군사용 네트워크나 우주 공간의 위성 등 특수 환경에도 신속히 배포할 수 있는 유연성을 갖추고 있습니다. 실제 팔란티어에 따르면, 아폴로 덕분에 전 세계 수만 개 이상의 소프트웨어 인스턴스에 하루 수천 건의 업데이트를 자동 수행하고 있다고 합니다. 요약하면, 팔란티어는 클라우드의 민첩성과 온프레미스의 제어권을 모두 제공하는 하이브리드 운용을 구현함으로써, 고객이 인프라 제약 없이 데이터 활용과 혁신에 집중할 수 있도록 지원합니다.

주요 활용 사례

고담^{Gotham}: 팔란티어 고담은 주로 국가 안보, 수사, 군사 분야에서 두각을 나타냈습니다. 미국 정보기관들이 9·11 테러 이후 테러 조직을 추적하고 공격을 방지하는데 고담을 활용한 것이 대표적인 사례입니다. 예를 들어 CIA와 FBI, 국토안보부 등은 팔란티어 고담을 통해 서로 다른 기관에 흩어진 정보를 실시간 통합 분석하여 테러 관련 단서를 찾고 공유했습니다. 한 정보기관 관계자는 "팔란티어 도입 전에는 CIA와 FBI 데이터베이스가 분리되어 각각 검색해야 했지만, 이제는 한 곳에서 모두 연결됐다"

고 언급하기도 했습니다.

또한 미국 국방부에서도 고담을 군사 정보 분석에 사용하여 적군의 위치 파악, 물자 물류 추적, 사이버 위협 모니터링 등에 활용하고 있습니다. 뉴욕시 경찰청NYPD이나 미 연방요원들도 범죄 수사나 금융 범죄 조사에 고담을 사용한 사례가 알려졌는데, 수백만 건의 범죄 기록과 통신 내역을 분석해 용의자 네트워크를 밝혀낸 사례 등이 보고되었습니다. 고담의 가장 유명한 일화 중 하나는 앞서 언급한 오사마 빈 라덴 추적으로, 공개된 세부 정보는 제한적이지만 팔란티어 소프트웨어가 방대한 정보의 패턴을 분석해 빈 라덴의 심복이 사용한 별명을 연결 짓는 등 역할을 했던 것으로 전해집니다. 이처럼 고담은 방대한 데이터에서 숨겨진 인사이트를 찾아내는 능력 덕분에 '테러와 범죄로부터의 파워풀한 엑스레이X-ray'로 불리며, 현재까지도 미국과 동맹국들의 정보기관, 군대, 치안 당국에서 폭넓게 사용되고 있습니다.

파운드리Foundry: 민간 분야에서 팔란티어 파운드리를 도입한 조직들은 다양하며, 대기업부터 공공기관까지 사례가 풍부합니다. 대표적으로 항공기 제조사 에어버스는 2017년부터 팔란티어와 협력하여 스카이와이즈Skywise라는 항공 산업 데이터 플랫폼을 구축했는데, 이 플랫폼의 기반이 파운드리입니다. 에어버스는 전 세계 항공사들로부터 얻는 비행 데이터, 정비 이력, 부품 수급 정보 등을 파운드리를 통해 모아 예측 정비나 공급망 최적화를 실현했고, 이를 항공사들과 공유하여 업계 전반의 운항 효율을 높였습니다. 항공사에서는 스카이와이즈 플랫폼을 통해 운항 중인 여객기의 센서 데이터와 정비 기록을 실시간 분석하여 부품 고장을 미리 예측하는 등 안전성과 비용 절감 효과를 거두고 있습니다. 제약 업계에서도 팔란티어 파운드리 활용 사례가 있는데, 글로벌 제약사 머크가 신약 개발 프로세스를 관리하고 임상시험 데이터를 통합하는 데 파운드리를 도입했습니다. 이를 통해 연구 단계부터 생산, 판매 예측까지 데이터를 한 흐름으로 연결하여 신약 개발 기간 단축과 공정 최적화를 도모하고 있습니다.

자동차 제조 분야의 예로는 피아트 크라이슬러 오토모빌스^{FCA}가 팔란티어 파운드리를 활용해 부품 공급망과 품질 데이터를 통합 관리함으로써 리콜 발생 시 원인을 신속 파악하고 대응하는 시스템을 구축했습니다. 에너지 분야에서도 미국 서부 최대 전력 가스 공급회사인 PG&E(퍼시픽 가스&일렉트릭)가 전력망 센서 데이터와 정비 데이터를 파운드리로 통합해 산불 예방 및 설비 유지보수에 활용하는 등, 파운드리는 산업에 특화된 다양한 시나리오에 적용되고 있습니다. 공공기관 사례로는, 영국 국민건강서비스^{NHS}가 코로나19 대응 시 팔란티어 파운드리를 사용하여 병상 가용량, 환자 흐름, 백신 물류 데이터를 통합 관리함으로써 위기 대응 속도를 높인 것이 잘 알려져 있습니다. 이처럼 파운드리는 데이터 통합이 필요한 모든 조직의 만능 플랫폼으로 활용되고 있으며, 도입한 기업들은 기존에 몇 주씩 걸리던 데이터 통합 작업을 몇 시간으로 단축시키고, 데이터 중심 의사 결정 문화를 정착시키는 성과를 보고하고 있습니다.

아폴로^{Apollo}: 팔란티어 아폴로는 직접 눈에 띄는 사용자 인터페이스가 없는 백엔드 플랫폼임에도, 그 활용 효과가 간접적으로 드러나는 사례들이 많습니다. 전 세계에 지사를 둔 한 다국적 제조기업의 사례를 가정해 보면, 이 기업은 팔란티어 파운드리를 자체 데이터센터에서 운용해왔는

데, 과거에는 새로운 기능 업데이트를 받으려면 주기적으로 수동 업그레이드를 해야 했습니다. 그러나 아폴로 도입 후에는 본사 IT팀이 일일이 개입하지 않아도 팔란티어 측에서 매주 자동으로 소프트웨어 패치를 적용해주기 때문에, 모든 지사의 시스템이 항상 최신 상태로 유지되고 있습니다. 팔란티어에 따르면 아폴로는 이런 식으로 전 세계 여러 고객의 환경을 중앙에서 관리하며, 한 주에 약 9만 회에 달하는 소프트웨어 업데이트를 자동 처리하고 있다고 합니다.

또한 아폴로의 강력함은 극한 환경에서 빛난다고 할 정도로, 해양 깊은 곳의 석유 굴착 장비나 궤도를 도는 인공위성처럼 네트워크 연결이 어려운 장치들에도 소프트웨어를 원격 배포한 사례가 있습니다. 예컨대 미군은 팔란티어 소프트웨어를 전장에 있는 장비나 차량 컴퓨터에 탑재해 활용하는데, 아폴로 덕분에 본부에서 최신 AI 모델이나 정보분석 기능을 업데이트하면 인터넷이 일시적으로 연결되는 순간 자동으로 현장 장비에 배포되어 군사 기술 우위를 유지할 수 있습니다. 민간 사례로는, 어떤 글로벌 물류기업이 아폴로를 활용하여 전 세계 물류창고의 사물인터넷IoT, Internet of Things 센서 소프트웨어를 중앙에서 관리함으로써, 보안 취약점 발견 시 몇 시간 내에 모든 장비에 패치를 적용하는 능력을 갖추게 되었습니다. 이렇게 아폴로는 겉으로 드러나진 않아도 팔란티어 고객들의 디지털 운영 파워의 숨은 원천이 되고 있으며, 특히 다양한 국가 규제를 준수해야 하는 기업들이 여러 클라우드와 내부 서버를 넘나들며 일관된 서비스를 제공할 수 있게 해주는 핵심 도구로 활용되고 있습니다.

AIP(인공지능 플랫폼): 팔란티어 AIP는 출시된지 얼마 되지 않았지만,

다양한 파일럿 활용 사례들이 나오고 있습니다. 먼저 국방 분야에서는 팔란티어가 공개한 시연처럼, 인공지능을 군사 의사 결정에 활용하려는 시도가 있습니다. 미군은 AIP를 시험적으로 도입하여, 방대한 정찰 영상과 보고서를 요약하고 작전 계획 수립을 지원하는 AI 비서를 운용해 보고 있습니다. 다만 팔란티어와 군 당국은 AI의 자동 살상력 결정은 인간이 개입하도록 제한함으로써 윤리적 통제를 유지하고 있습니다. 국방 외에 상업 영역에서 이미 AIP를 채택한 사례로는, 미국 최대 홈헬스케어 서비스 기업인 옵션 케어 헬스Opition Care Health가 있습니다. 이 기업은 팔란티어 AIP를 도입해 간호사 일정 편성, 환자 등록 프로세스 개선, 구매 품목 최적화, 공급망 관리 등에 활용할 계획이라고 밝혔습니다. 간호 인력의 스케줄을 AI가 자동으로 조율하여 환자 대면 시간을 최대화하고 행정 부담을 줄이는 한편, 환자별 필요 물품을 예측해 재고를 최적화하는 등 의료 운영 전반의 효율 향상을 기대하고 있습니다.

또 다른 의료 사례로 탬파 종합병원은 AIP를 환자 치료 코디네이션에 적용하여, 여러 부서의 데이터를 종합한 AI 권고안을 통해 환자 치료 경로를 최적화하려 하고 있습니다. 제조 분야에서도 배터리 생산 기업들이 AIP에 큰 관심을 보이고 있는데, 생산 라인의 IoT 데이터와 품질 데이터에 기반한 AI 예측 모델을 AIP로 구현하여 불량률 감소와 생산성 향상을 노리는 사례가 있습니다. 실제 팔란티어는 "공중보건에서 배터리 생산까지, 전 세계 조직이 팔란티어를 통해 AI를 안전하게 활용하고 있다."라고 언급하며, 산업 전반에 AIP를 확산시키고 있습니다. 금융권에서도 AIP 파일럿이 이루어져, 은행에서 사내 문서들을 AI로 요약하거나 사기 거래 패턴을 AI가 탐지하도록 하는 등 업무 자동화에 활용하고 있습니다. 종합해 보면, AIP는 기업들이 AI를 현업에 적용하는 데 필요한 데이터 연결, 보안 통제, 결과 검증 등의 기능을 제공하기 때문에, 단순히 챗GPT API를 호출하는 것을 넘어 엔터프라이즈 환경에 특화된 AI 활용 사례들을 빠르게 만들어 내고 있습니다.

각 제품의 미래 전망

AI와 데이터 분석 트렌드 속의 발전 가능성: 전 세계적으로 AI 활용이 폭발적으로 증가하는 추세에서, 팔란티어의 제품군은 이러한 AI 트렌드와 결합하여 진화하고 있습니다. 특히 AIP의 등장은 팔란티어 플랫폼이 실시간 AI 의사 결정 엔진으로 거듭나는 초석이 되고 있습니다. 앞으로 고담과 파운드리에도 점점 더 강력한 AI 기능이 통합되어, 사용자는 자연어로 질문하고 AI가 방대한 기업 데이터 속에서 답을 찾아주거나, 최적의 의사 결정안을 추천해주는 형태로 발전할 것입니다. 예를 들어, 과거 고담 사용자가 여러 데이터베이스를 직접 조회했다면, 미래에는 "이 인물과 관련된 위협이 있는지 찾아줘."라고 물으면 AIP가 고담의 데이터를 훑어 위험도를 평가할 수 있을 것입니다. 파운드리도 AI와 결합하여 업무 자동화 플랫폼으로 진화하고 있습니다. 생산 공정 데이터에서 이상치를 탐지해 자동으로 조치를 제안하거나, 영업 데이터로부터 고객 이탈을 예측해 담당자에게 경고하는 등 사전에 대응하는 프로액티브proactive 시스템이 될 가능성이 큽니다. 이러한 발전의 핵심 동력은 팔란티어의 온톨로지 기술로, 이는 복잡한 기업 의사 결정을 데이터와 논리, 액션까지 아우르는 구조로 표현하기 때문에 AI가 인간의 맥락을 더 잘 이해하게 합니다. 또한 팔란티어는 앞으로 Edge AI(엣지 디바이스에서의 AI 구현) 분야에서도 성장할 것으로 보이는데, 아폴로를 통해 드론, 센서, 차량 등 현장 장비에 AI 모델을 배포하고 운영하는 능력을 강화하고 있습니다. 이는 산업현장이나 군사 작전 현장에서 네트워크 연결이 없어도 AI가 현지에서 판단을 내리는 자율 시스템을 가능하게 하며, 팔란티어는 이러한 기술로 차세대 IoT + AI 시장을 선도하려 하고 있습니다.

경쟁 제품과 대비되는 강점: 팔란티어의 플랫폼들은 종종 스노우플레이크Snowflake, 데이터 브릭스Databricks, 구글 클라우드 AI 등과 비교되곤 합니다. 스노우플레이크는 주로 클라우드 데이터 웨어하우스로서 데이터를 저장하고 구조적 데이터 쿼리 언어인 SQL 기반 분석을 제공하는 반면, 팔란티어 파운드리는 데이터 저장을 강요하지 않고 기존 시스템을 연결하여 분석하는 유연한 데이터 레이크 접근을 취합니다. 다시 말해 팔란티어는 고객의 데이터가 있는 곳으로 찾아가서(가치의 이동) 가치를 뽑아내지만, 스노우플레이크는 데이터를 자기 클라우드로 가져와서centralize 분석하는 방식입니다. 이 차이는 대규모 분산 환경이나 보안상 데이터 이동이 어려운 경우 팔란티어가 더 적합한 솔루션이 될 수 있음을 의미합니다. 또한 팔란티어는 데이터 분석부터 애플리케이션 개발, AI 배포, 데브옵스DevOps까지 엔드투엔드로 제공하는 완전한 플랫폼인 반면, 스노우플레이크나 전통적 클라우드 서비스들은 이러한 기능을 개별 서비스로 나누어 제공합니다. 예를 들어 팔란티어에는 아폴로로 대변되는 데브옵스 기능과 AIP로 대표되는 AI 통합 기능이 내장되어 있지만, 스노우플레이크나 타 클라우드에서는 별도의 CI/CD 도구나 AI 플랫폼을 추가 연동해야 합니다.

구글 클라우드 AI와 비교하면, 구글 등의 빅테크 클라우드는 뛰어난 AI 모델과 인프라를 갖추고 있으나 고객 맞춤형 통합 측면에서는 팔란티어가 앞서는 편입니다. 팔란티어는 고객사별로 데이터 모델(온톨로지)을 세심하게 구축하고, 그 위에 최적화된 AI를 적용하는 '맞춤 양복'과 같다면, 구글 클라우드 AI는 범용 플랫폼을 제공하고 고객이 스스로 커스터마이징해야 하는 '기성복'에 비유할 수 있습니다. 또 팔란티어는 멀티 · 하이브리드 클라우드 및 온프레미스에 걸친 운용을 지원하는 반면, 구글이나 AWS의 AI 서비스는 자사 클라우드 내에서 돌아가는 것이 일반적입니다. 이 때문에 데이터 주권이나 레거시 시스템 연계가 중요한 고객에게 팔란티어의 유연성이 강점이 됩니다.

요약하면, 팔란티어의 경쟁력은 통합성과 완결성에 있습니다. 다른 솔루션들이 각각의 강점을 가지고 있어도, 팔란티어처럼 하나의 플랫폼 안에 데이터 처리부터 협업 도구, 인공지능, 배포까지 한데 묶어 제공하는 경우는 드물기 때문입니다. 더욱이 팔란티어는 오랜 기간 축적한 보안 신뢰성(국방/정보기관에서 검증)과 도메인 지식을 바탕으로, 단순 기술 제공을 넘어 고객의 문제 해결에 깊이 파고드는 서비스형 접근을 병행해왔습니다. 이런 점에서 팔란티어의 플랫폼은 단순한 소프트웨어가 아니라 고객의 디지털 운영을 총체적으로 업그레이드하는 솔루션으로서, 경쟁사들과 차별화된 지위를 확보하고 있습니다.

팔란티어의 향후 제품 전략: 앞으로 팔란티어는 자사의 네 가지 주요 플랫폼(고담, 파운드리, 아폴로, AIP)을 더욱 긴밀히 결합하여 하나의 통합된 팔란티어 플랫폼으로 발전시킬 전망입니다. 실제 팔란티어는 이러한 통합 비전을 'AI 메시mesh'라고 부르며, 아폴로가 토대가 되고 파운드리와 AIP가 그 위에서 유기적으로 연동되어 어떤 환경에서든 AI 기반 애플리케이션을 구축·배포할 수 있는 구조를 추구하고 있습니다. 이는 궁극적으로 팔란티어가 '엔터프라이즈 운영체제'가 되는 것을 목표로 한다는 의미입니다. 알렉스 카프 팔란티어 CEO는 인터뷰에서 "미래에는 모든 산업이 팔란티어 같은 플랫폼을 통해 돌아가게 될 것"이라고 언급한 바 있는데, 그만큼 다양한 산업에 특화된 기능을 계속 추가하여 범용 플랫폼으로 진화하려는 전략이 읽힙니다.

또한 팔란티어는 고객 확대와 생태계 구축에도 힘쓰고 있습니다. 과거에는 소수의 정부 기관이나 대기업이 주요 고객이었지만, 최근에는 중견기업, 스타트업도 사용할 수 있도록 제품 접근성을 높이고 클라우드 구독형 판매를 강화하고 있습니다. 2023년부터 개최하기 시작한 AIPCon(팔란티어 AI 컨퍼런스)에서는 기존 고객들이 AI 활용 성과를 공유하고 신규 고객을 위한 교육 세션을 제공함으로써 팔란티어 커뮤니티를 형성하고 있습니다. 재무적으로도 팔란티어는 2023년에 처음으로 연간 흑자를 달성하여 향후 R&D 투자 여력이 커졌으며, 이를 첨단 기술 개발과 전략적 인수합병에 활용할 것으로 보입니다. 예컨대, 맞춤형 AI 모델 개발이나 산업별 모듈 패키지를 인수하거나 자체 개발하여 플랫폼에 포함시키는 방안을 모색할 것입니다. 경쟁사들도 빠르게 움직이고 있으나, 팔란티어는 이미 국방·정부 시장에서의 확고한 지위와 최근 부각되는 AI 분야에서의 입지를 모두 갖추고 있어, 이 둘의 시너지를 극대화하는 방향으로 나아갈 것입니다.

결론적으로, 팔란티어 테크놀로지스의 제품과 기술은 현대 데이터 분석 시장에서 안전하면서도 강력한 통합 플랫폼으로서 독자적인 위치를 차지하고 있으며, 앞으로도 데이터와 AI 시대의 핵심 인프라로서 발전을 지속할 것으로 전망됩니다.

CHAPTER 5

국가 기관부터
거대 기업까지
시장을 지배하다

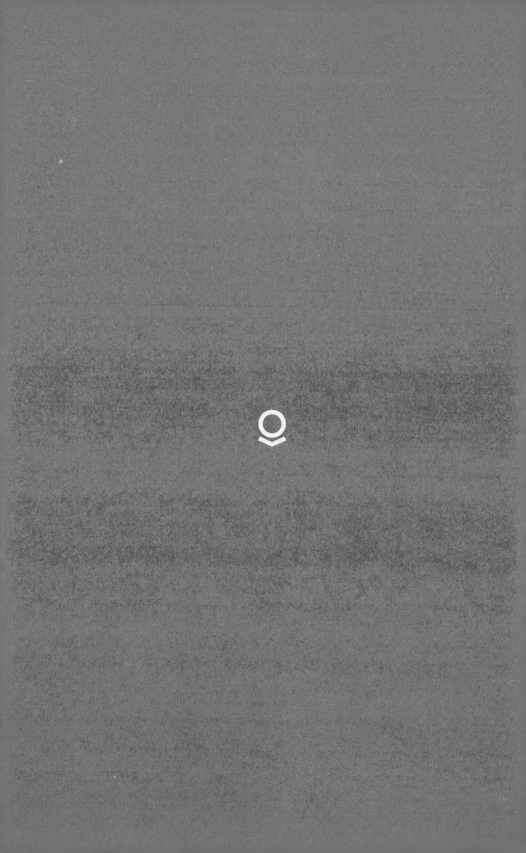

팔란티어의 주요 프로젝트와 사례
미군, FBI, CIA, 국토안보부, 영국 NHS, 우크라이나 전쟁

각 기관과의 협력 배경

미군(United States Military)

미 국방부와 군대는 방대한 전장 정보를 효과적으로 분석하는 데 어려움을 겪고 있었습니다. 특히 이라크와 아프가니스탄 전쟁에서는 도로변 폭탄IED 탐지와 반군 조직 파악이 큰 과제였는데, 기존 군사 정보 시스템(DCGS-A 등)은 현장의 요구를 충족하지 못했습니다. 이러한 상황에서 팔란티어의 데이터 통합 플랫폼이 주목받았습니다. 최전선 지휘관들은 팔란티어 소프트웨어를 '병사의 목숨을 구하는lifesaver' 도구라고 칭찬하며 긴급 도입을 요청했을 정도였습니다. 팔란티어는 분산돼 고립적으로 운영되던 군사 데이터베이스들을 하나로 묶어, 전장 상황을 '신의 눈'처럼 한눈에 조망할 수 있는 통합 정보 그림을 제시하는 목표로 군과 협력하였습니다.

FBI를 비롯한 미국 수사기관들은 9.11 테러 이후 테러리즘과 복잡한 범죄 조직을 추적하면서, 기관 간 정보 사일로silo 문제로 골머리를 앓았습니다. CIA와 FBI 등 서로 다른 부처의 데이터베이스가 분리되어 요원들이 일일이 각 시스템을 따로 검색해야 했고, 이로 인해 단서 연결이 늦어지는 일이 빈번했습니다. 팔란티어는 이러한 문제를 해결하기 위해 FBI와 협업을 시작했습니다. 팔란티어 플랫폼을 도입하면 여러 수사 데이터베이스를 한 곳에서 연계 검색하고, 흩어진 정보 조각들을 자동으로 연결함으로써 테러리스트 네트워크나 범죄 조직의 은밀한 패턴도 발견할 수 있으리란 기대가 있었습니다. 또한 팔란티어의 공동 창업자 피터 틸이 과거 페이팔에서 금융사기 방지 소프트웨어를 만든 경험을 바탕으로, 이를 테러 자금 추적과 금융 범죄 수사에 적용하려 한 점도 FBI와 협력하게 된 배경입니다.

CIA(중앙정보국)

팔란티어는 설립 초기부터 CIA의 투자와 지원을 받을 정도로 정보기관과 밀접한 관계를 구축했습니다. 냉전 이후 방대해진 첩보 데이터를 통합 분석하고 국제 테러 위협을 사전에 예측하는 일은 CIA의 핵심 과제였지만, CIA 내부에도 여러 부서별로 데이터가 파편화되어 있었습니다. 팔란티어는 빅데이터 분석 플랫폼을 제공하여, CIA 요원들이 다양한 출처(HUMINT인 인간 정보, SIGINT인 신호 정보, 위성 영상 등)의 데이터를 한 화면에서 연결 분석하도록 돕겠다고 제안했습니다. 과거에 일일이 개별 데이터베이스를 검색하던 작업이 팔란티어 도입 후에는 한 번에 가능해져

CIA와 FBI 등의 방대한 데이터가 모두 연결되었고, 그 결과 정보기관들이 놓치고 있던 숨은 연관성까지 포착할 수 있으리란 기대가 있었습니다. 다시 말해 팔란티어는 CIA가 직면한 데이터 홍수 속에서 위협 예측의 정확도를 높여줄 파트너로 등장한 것입니다.

국토안보부 및 산하 기관 등

미국 국토안보부DHS는 테러 방지와 국경 보안 강화를 위해 여러 하위 기관(이민세관단속국 ICE, 세관국경보호국 CBP, 교통안전청 TSA 등)의 정보를 총망라한 통합 시스템을 필요로 했습니다. 특히 이민자 데이터와 범죄 정보를 연계하여 국경을 넘나드는 범죄 조직이나 잠재적 테러리스트를 식별하는 일이 과제였습니다. 2014년 DHS 산하 ICE는 팔란티어와 계약을 맺어 수사 사건 관리 시스템ICM을 구축하기 시작했는데, 이 시스템은 합법/불법 이민자의 신상 및 범죄 기록을 추적하고 다른 연방기관들의 정보 플랫폼까지 접근할 수 있게 설계되었습니다. 기존에는 이민 정보, 범죄 기록, 테러용 의자 데이터가 제각기 흩어져 있어 수사가 더디었지만, 팔란티어 ICM 도입 배경에는 이러한 자료들을 한데 모아 국경 보안, 테러 감시, 이민 단속 업무를 효율화하려는 목표가 있었습니다. 예를 들어, 팔란티어 시스템은 공항이나 국경에서 용의자의 여권 정보를 조회할 때 FBI 테러 감시 대상국이나 범죄 DB를 동시에 대조하여 즉시 위험 인물을 식별하는 식의 통합을 지향했습니다. 덧붙여, 팔란티어는 국토안보부 산하 HSI Homeland Security Investigations가 국제 범죄(인신매매, 마약 밀매, 금융 사기 등)를 수사할 때도 방대한 증거와 데이터를 한 플랫폼에서 관리하도록 지원하여, DHS 전체의 정보 관리 역량을 끌어올릴 파트너로 선택됐습니다.

영국 국립보건서비스(NHS)

영국 NHS는 전통적으로 병원 트러스트마다 환자 정보 시스템이 달라 데이터가 산재해 있었습니다. 특히 코로나19로 인한 팬데믹 초기에 정부가 신속히 전체 의료 데이터를 파악하여 대응 전략을 세우는 데 어려움을 겪었습니다. 이런 배경에서 2020년 영국 정부는 팬데믹 긴급 대응의 일환으로 팔란티어에 NHS 데이터를 통합하는 코로나19 데이터 스토어 구축을 맡겼습니다. 팔란티어는 파운더리 플랫폼을 통해 짧은 시간 안에 각기 다른 병원의 환자 기록, 검사 결과, 중환자실 병상수용 능력, 의료 물자 재고 등 정보를 한곳에 모아 실시간 대시보드로 제공할 수 있다고 약속했습니다. 기존에 수주 걸리던 데이터 취합을 단 몇 주 만에 완료하여 관계자들이 '한눈에 보는 진실single source of truth'을 얻을 수 있으리란 기대를 심어주었고, 이는 NHS가 팔란티어와 협력하게 된 결정적 배경입니다. 요컨대, NHS는 팬데믹 위기 관리와 의료 자원 최적화를 위해 팔란티어 기술의 신속한 데이터 통합 및 분석 능력에 주목한 것입니다.

우크라이나 정부

우크라이나는 2022년 러시아의 침공으로 촉발된 전쟁에서, 병력과 전력이 열세인 상황을 기술 우위로 만회해야 하는 절박한 과제를 안고 있었습니다. 전쟁 초기 서방 동맹국들은 우크라이나에 대전차 미사일 등 무기뿐 아니라 데이터 기술 지원도 제공하기 시작했고, 그중 하나가 팔란티어와의 협력이었습니다. 러시아군의 움직임을 실시간으로 포착하려면 위성, 정찰 드론, 통신 감청, 첩보망 등 수많은 정보원을 동시에 분석해야 하는데, 팔란티어의 플랫폼이 이를 가능하게 해주었습니다. 우크라이나 정부 관계자들은 팔란티어의 메타콘스텔레이션MetaConstellation이라는 도구 사용법을 교육받았는데, 이 소프트웨어는 상업 위성영상 등 방대한 민간 데이터와 결합해 특정 전장의 거의 실시간 지도를 제공해 주는 기술입니다. 이러한 협력 배경에는 '디지털 군대 대 아날로그 군대'라는 구도가 있었는데, 소수의 디지털 기술로 무장한 우크라이나군이 팔란티어의 지원을 통해 방대한 러시아군을 정보전에서 압도할 수 있으리란 전략적 기대가 있었습니다. 아울러 우크라이나 검찰은 러시아의 전쟁 범죄를 방대한 증거로 입증해야 하는 문제에 직면했는데, 전시에 수십만 건에 달하는 영상, 위성사진, 증언 기록을 사람이 일일이 분석하기 어렵다는 점에서 팔란티어의 데이터 처리 능력에 도움을 청하게 되었습니다. 요컨대 우크라이나는 군사·민사 모든 면에서 데이터 활용 능력을 극대화하기 위해 팔란티어와 손잡게 된 것입니다.

구체적인 프로젝트 내용

미군과 팔란티어: 전쟁터 데이터 분석과 군수 관리

팔란티어는 미군 전장 정보 시스템에 혁신을 가져왔습니다. 아프가니스탄 등에 투입된 팔란티어의 고담 플랫폼은 정찰 드론 영상, 병사들의 접촉 보고, 적 무선 통신 감청 등 여러 출처의 정보를 실시간 통합하여 지휘관에게 제공했습니다. 예를 들어, 팔란티어 소프트웨어는 수백 건의 사건 보고를 데이터 마이닝하여 도로변 폭발물IED의 배치 패턴을 신속히 파악했고, 그 정보를 통해 부대가 IED 의심 지역을 우회하거나 제거 작전을 펼칠 수 있었습니다. 팔란티어는 광범위한 정부 데이터베이스를 크로스 분석하여 겉보기에 연관 없어 보이는 단서들 사이의 연결고리를 찾음으로써, 병사들이 반군의 행동 패턴과 은신처를 예측하도록 지원했습니다. 이 과정에서 팔란티어 시스템은 사용자가 직관적으로 지도상에서 정보를 겹쳐보거나 질의할 수 있는 인터페이스를 제공해, 전쟁터의 정보 해석 속도를 크게 높였습니다.

또한 팔란티어는 군수(물자) 및 병력 관리에도 활용되었습니다. 미 육군은 팔란티어의 아미 밴티지Army Vantage(육군 데이터 플랫폼Army Data Platform)를 도입하여, 군 전반에 산재한 180여 개의 데이터 소스를 한데 모은 통합 데이터 생태계를 구축했습니다. 이를 통해 군은 부대 전투 준비 태세와 병력 현황, 물자 재고와 보급 현황 등을 한 화면에서 파악하게 되었습니다. 팔란티어 플랫폼에서는 군수 물자 이동 경로, 병사의 배치와 훈련 상태, 재정 지출까지도 데이터로 연결돼, 지휘관들이 근거 기반의 결정을 내릴 수 있습니다. 가령, 특정 지역에 병력이 부족하면 자동 분석을 통해 인근 기지의 가용 병력을 추천하고, 탄약 재고가 임계치 이하로 떨어지면 관련 부대에 알람을 주는 식입니다. 팔란티어의 AI 기능도 접목되어, 군수 물자 공급을 최적화하거나 전투 전략 시뮬레이션에 데이터를 활용하는 등 의사 결정 지원이 이뤄지고 있습니다. 결국 팔란티어 소프트웨어는 미군의 작전부터 행정까지 전 분야에 걸쳐 데이터 통합 운영체제로 기능하며, 모든 계층의 전투원warfighters at every echelon을 지원하는 역할을 하고 있습니다.

FBI와 팔란티어: 테러리스트 네트워크 및 범죄 수사

FBI는 팔란티어 플랫폼을 이용해 복잡한 범죄 및 테러 네트워크를 해체하고 있습니다. 팔란티어 고담 소프트웨어가 도입되면서, FBI 수사관들은 과거 개별적으로 조회해야 했던 범죄 데이터베이스, 금융 기록, 통신 내역 등을 하나의 인터페이스에서 동시에 검색할 수 있게 되었습니다. 예를 들어 수사관이 팔란티어에 한 용의자의 이름을 입력하면, 그 사람에 대한 FBI 내 범죄 기록은 물론 CIA의 해외 정보, 재무부의 금융 거래 보고, 심지어 지방경찰의 사건 기록까지 연결된 그래프로 시각화됩니다. 이러한 기능 덕분에 FBI는 복잡하게 얽힌 테러리스트 조직도를 신속히 그려내어 핵심 인물과 주변 연계를 파악하고, 숨어 있는 공범이나 윗선을 밝혀 낼 수 있습니다. 실제로 팔란티어 소프트웨어는 테러 자금 추적에 특화된 알고리즘을 제공하여, 단순히 수상한 금융 거래를 나열하는 것을 넘어 거미줄처럼 얽힌 금융 네트워크를 자동으로 식별해 냈습니다. 이는 페이팔에서 온라인 사기 패턴을 잡아내던 방법론을 응용한 것으로, 수십 개의 계좌와 법인이 얽힌 자금 세탁 흐름도 팔란티어를 통해 몇 번의 클릭으로 도식화되었습니다.

FBI는 팔란티어를 전통 범죄와 사이버 범죄 수사에도 활용하고 있습니다. 예컨대 마약 카르텔 수사에서 팔란티어는 마약단속국DEA 및 국토안보부와의 데이터를 통합하여, 마약 밀매 조직원의 통화 기록, 차량 이동 경로(번호판 인식 데이터)와 자금 흐름을 한꺼번에 분석함으로써 조직 전체를 파악하는 데 이바지했습니다. 또한 팔란티어의 데이터 매칭 기술은 금융 범죄 수사에서도 위력을 발휘했는데, 대형 폰지사기나 회계 부정 사건의 방대한 금융 거래 내역을 분석해 숨겨둔 자산이나 공모자를 밝혀 내는 용도로 쓰였습니다. FBI은 이처럼 팔란티어를 통해 수사 시간을 획기적으로 단축하고 놓칠 뻔한 단서를 연결해 냄으로써, 수많은 범죄 및 테러 음모를 사전에 차단하거나 조기에 적발할 수 있게 되었습니다.

CIA는 팔란티어 기술을 국제 첩보와 위험 예측에 적극 활용하고 있습니다. 팔란티어는 CIA 본부와 현장 요원들이 수집하는 여러 종류의 첩보를 한데 모아 종합적인 상황판Common Operating Picture을 구축해 줍니다. 가령 CIA 분석관은 팔란티어 플랫폼에서 특정 중동 지역을 클릭하면, 그 지역에 관한 위성사진, 소셜 미디어의 공개정보OSINT, 도청된 통신 기록, 현장 요원의 보고서를 모두 겹쳐서 표시할 수 있습니다. 이를 통해 잠재적 위협을 조기에 식별하는데, 팔란티어의 알고리즘은 이전에 수집된 데이터 속 패턴을 찾아내어 "어느 도시에서 테러 준비 정황 증가" 같은 경고 신호를 띄워줍니다.

CIA는 이런 팔란티어의 도움으로 흩어져 있던 정보를 엮어 과거에 알아채지 못했던 음모나 첩보를 포착하곤 합니다. 실제 사례로 팔란티어 소프트웨어는 동맹국 정부 내 스파이 침투를 밝혀낸 적도 있는데, 이는 여러 기관의 인사 자료와 통신 기록의 이상치를 교차 분석해 도출한 결과였습니다. 이처럼 팔란티어는 CIA의 반첩보Counter-Intelligence 활동을 뒷받침하며, 적국의 스파이나 이중간첩을 색출하는 데 기여하고 있습니다.

또한 팔란티어는 위협 예측Threat Prediction 측면에서 CIA의 의사 결정을 지원합니다. 전 세계 테러 조직의 동향이나 핵심 표적 인물에 대한 방대한 정보를 팔란티어 플랫폼에 축적해 두면, CIA 분석팀은 이를 기반으로 향후 시나리오를 시뮬레이션할 수 있습니다. 예를 들어 알카에다 조직원의 이동과 통신 데이터를 팔란티어로 분석하여 몇 달 내 특정 지역에서 테러 공격 가능성을 점수화하는 식입니다. 팔란티어의 AI는 수백만 건의 정보 조각들을 인간 분석가가 이해하기 쉬운 형태로 요약해주기 때문에, CIA

국장 등 의사 결정자들은 이전보다 더 근거에 기반한 판단을 내릴 수 있습니다. 국가정보국DNI 산하 여러 정보기관DB에 팔란티어가 보급되면서, 미 정보기관들은 서로 칸막이 없이 정보를 공유하게 되었고 "이제 모든 것이 팔란티어로 연결된다."라는 평가를 받습니다. 이는 곧 평시에 잠복한 위협을 조기에 경보하고, 국제 정세의 변화를 데이터로 예측하는 CIA의 역량 향상으로 이어졌습니다.

국토안보부(DHS)와 팔란티어: 국경 보안 및 테러 방지

팔란티어는 미국 국토안보부의 방대한 내부 데이터 통합 시스템 구축을 담당했습니다. 그 중심에는 앞서 언급한 이민세관단속국ICE의 수사 사건 관리 시스템ICM 프로젝트가 있습니다. 팔란티어가 개발한 ICM 시스템은 국토안보수사국Homeland Security Investigations, HSI과 ICE 수사관들이 모든 수사 사건을 하나의 시스템에서 관리하도록 하는데, 범죄 수사 자료, 이민 기록, 테러 관련 첩보를 한 곳에 모으는 종합 수사 DB라고 볼 수 있습니다. 예컨대 과거엔 ICE가 어떤 용의자를 추적할 때, 범죄 기록은 FBI에 요청하고, 비자 정보는 국무부 DB를 조회하며, 금융 거래는 재무부에 별도로 확인해야 했다면, 이제는 팔란티어 ICM에서 필요한 기관 데이터에 접근하여 한 번에 관련 정보를 얻을 수 있게 되었습니다. 이러한 인터페이스 허브를 통해 국토안보수사국HSI은 다양한 기관과 민간 데이터(항공사 승객 명단, 인터폴 수배 정보 등)까지 통합 활용하며 국경 안보와 국내 치안 정보를 연계합니다.

국경 보안 측면에서 팔란티어 기술은 미국 공항과 항만의 보안 검색에도 사용되었습니다. 팔란티어 플랫폼은 테러 용의자 명단, 비행기 승객 예약 정보PNR, 세관 신고 데이터 등을 대조하여 출입국 심사 시 위험 인물을 자동으로 선별하거나 추가 심사가 필요한 화물을 식별합니다. 또한 테러 감시 용도로, 팔란티어는 DHS 산하 정보분석국I&A의 자료를 지역 경찰의 데이터와 연계해 잠재 테러리스트 프로파일을 만들고, 그 인물이 국경이나 공항에 나타나면 경보를 주도록 설정되었습니다. 한편 이민 단속 분야에서 팔란티어 시스템은 불법 이민자 중 강력범이나 갱단 연루자를 우선 추적하기 위해, 이민국 데이터와 범죄 정보를 매칭하여 우선순위 목록을 생성합니다. 실제로 팔란티어 ICM은 ICE 요원들이 현장에서 모바일 기기로 용의자 신원을 조회하면, 즉각 해당 인물의 범죄 이력과 이민 기록을 보여주어 체포 여부 판단을 돕습니다. DHS는 이처럼 팔란티어 기술로 국경-이민-범죄 정보를 융합함으로써 9.11 테러 이후 강조된 '정보 공유를 통한 국토 안보'를 구현했습니다.

또한 국토안보부 산하 HSI의 전문 수사에 팔란티어가 핵심 툴로 활용되고 있습니다. HSI는 인신매매, 마약 밀매, 국제 금융사기, 사이버 범죄 등 광범위한 분야를 수사하는데, 팔란티어의 케이스 관리 시스템 안에 각 사건의 증거 파일, 보고서, 첩보 정보가 체계적으로 축적됩니다. 팔란티어 소프트웨어는 수사절차workflow를 자동화하여, 요원이 증거를 업로드하거나 메모를 남기면 관련 사건과 인물을 자동 연결 짓고 팀원 전체가 공유합니다. 글로벌 범죄 조직 수사 시 팔란티어는 CIA, FBI와 연계된 정보를 HSI 요원이 열람할 수 있는 권한 구조를 제공하여, 수사 공조를 원활하게 해줍니다. 예를 들어 HSI가 아동 음란물 유통망을 수사할 때 팔란티어를 통해 국내 피해 아동 신고 데이터와 해외 수사기관 정보까지 결합하여 용의자들을 색출하는 식입니다. 공항 보안 면에서도, 팔란티어의 차량 번호판 인식 데이터베이스 구축이 도움이 되었는데, 팔란티어는 캘리포니아주의 차량 번호판 판독 시스템을 개발하여 수배 차량이나 용의자 이동 경로를 추적할 수 있게 했습니다. 이런 기술은 국경 검문소와 연계되어, 테러 용의자가 다른 차량으로 갈아타 국경을 넘어도 이전에 축적된 번호판 데이터로 추적할 수 있게 지원합니다. 이처럼 팔란티어는 국토안보부DHS 전반의 수사·보안 업무의 데이터 중추로 기능하며, 국토 안보를 위한 첨단 정보분석 도구 역할을 하고 있습니다.

영국 NHS와 팔란티어: 코로나19 대응과 의료 데이터 통합

팔란티어는 영국 국민보건서비스NHS의 코로나19로 인한 팬데믹 대응에서 핵심적인 데이터 플랫폼을 구축했습니다. 2020년 팬데믹이 확산되자, 영국 보건당국은 'NHS 코로나19 데이터 스토어'라는 긴급 프로젝트를 팔란티어와 함께 시작했습니다. 팔란티어의 파운드리 플랫폼을 기반으로, 영국 전역의 병원, 검사소, 행정기관에 흩어진 팬데믹 관련 데이터를 클라우드상의 하나의 데이터베이스로 모았습니다. 구체적으로, 일일 확진자 수, 입원 환자 통계, 중환자실ICU 가용 병상, 산소통 및 인공호흡기 재고, 개인 보호 장비PPE 재고 등의 정보가 실시간으로 집계되었습니다. 팔란티어는 이러한 데이터를 자동으로 업데이트하여 정부 관계자들이 대시보드를 통해 즉각적인 현황 파악과 자원 분배 결정을 내릴 수 있게 했습니다. 예를 들어, 팔란티어 파운드리를 통해 NHS 관계자들은 지역별 산소 치료 용량을 추적하고, 어느 병원에 산소 공급이 부족한지 파악하여 산소통을 적재적소에 재배치할 수 있었습니다.

또한 인공호흡기 재고량과 환자 수요 데이터를 분석해 잉여 장비를 다른 병원에 이전하거나, 개인 보호 장비 물자가 전국적으로 원활히 배분되도록 우선순위 지역을 도출하기도 했습니다.

백신 배포 단계에서도 팔란티어의 기여가 두드러졌습니다. 영국은 사상 최대 규모의 예방접종 캠페인을 전개하면서, 신속하고 공정한 백신 분배를 위해 팔란티어 소프트웨어를 활용했습니다. 팔란티어 파운드리 플랫폼은 백신 재고, 접종 예약, 지역별 접종률, 인구 통계 데이터를 결합하여, 어느 지역에 백신을 더 보내야 하는지 또는 2차 접종 시기를 어떻게 관리해야 할지 실시간 의사 결정 지원 도구를 제공했습니다. 예컨대, 인구가 많은데 접종률이 뒤처진 지역을 자동으로 식별해 추가 예방접종 센터를 열도록 권고하는 등의 기능입니다. 정부 담당자들은 이를 통해 백신 공급망을 매일 조정했고, 접종 속도를 비약적으로 높일 수 있었습니다. 팔란티어의 지원으로 하루에 최대 77만 회 분량의 백신 접종이 이뤄질 정도로 효율적인 프로그램을 운영할 수 있었는데, 이 숫자는 영국을 세계 최고 수준의 접종률 국가 반열에 올려놓았습니다.

이처럼 팔란티어는 NHS의 의료 데이터 통합 플랫폼으로 기능하며, 팬데믹 상황에서 병원 자원 최적화에 큰 역할을 했습니다. 파운드리 플랫폼에 의해 각 병원의 병상 및 인력 상황이 투명하게 공유되자, 환자를 다른 병원으로 이송하거나 응급 의료진을 재배치하는 결정을 신속히 내릴 수 있었습니다. 예를 들어, 런던의 한 병원에 환자가 급증하면 팔란티어 대시보드 상에 경고가 표시되고, 인근 병원의 여유 병상수와 지원 가능한 의료진 목록이 함께 제시되는 식입니다. 이는 자원이 한정된 팬데믹 상황에서 NHS 전체의 대응력을 최적화해주었습니다. 이후 코로나19 급증세가 잦아든 뒤에도, 이 데이터 플랫폼은 여전히 의료 운영의 개선에 활용되고 있습니다. 팔란티어는 NHS 환자 대기목록 관리나 병원 운영 효율화 등에도 자사 기술을 제안하며, 영국 보건 시스템 전반의 데이터 통합을 위한 장기 파트너로서 입지를 굳히고 있습니다.

우크라이나 전쟁과 팔란티어: 실시간 전장 정보와 민간인 보호

우크라이나 전쟁에서 팔란티어는 정보·기술로 전황을 바꾸는 데 일조하고 있습니다. 팔란티어는 우크라이나군에 메타콘스텔레이션 MetaConstellation이라는 최첨단 프로그램을 제공했는데, 이 도구는 수많은 상업 위성과 정찰 드론, 지상 센서로부터 실시간 정보를 수집해 러시아군의 위치와 움직임을 실시간 지도로 보여줍니다. 예를 들어, 우크라이나 시민들이 스마트폰 앱(E-Enemy 앱)을 통해 신고한 러시아군 위치, 비밀 요원들이 확보한 정보, 열 감지 센서로 포착된 적 탱크의 위치 등이 팔란티어 시스템에 들어오면, AI 알고리즘이 이를 종합하여 러시아군 포병, 전차, 보병 부대의 위치를 예상하여 하이라이트로 표시된 디지털 지도를 생성합니다. 우크라이나군 병사는 이 팔란티어 지도 정보를 태블릿으로 전송받아 즉각 포병 사격 좌표로 활용할 수 있는데, 이렇듯 센서에서 사격까지 이어지는 킬 체인kill chain이 전자적으로 단축되어 우크라이나군이 신속히 대응 타격을 가할 수 있게 되었습니다. 팔란티어의 AI는 과거 전투 결과도 학습하여 오차를 줄여나가기 때문에, 쓸수록 정밀해지는 표적 추천 시스템이라고 할 수 있습니다.

실시간 전장 정보 공유 측면에서, 팔란티어는 우크라이나군 내 다양한 부대와 동맹 정보기관 간 데이터 허브 역할을 했습니다. 나토NATO 국가들이 제공한 정찰 위성사진, 통신 감청 정보 등이 팔란티어 플랫폼에 모이면, 우크라이나 지휘부와 미 정보기관이 공동으로 상황 인식을 할 수 있습니다. 이를 통해 민첩한 협동 작전이 가능해졌고, 러시아군의 기만전술이나 은폐 시도도 다중 소스 교차 검증으로 무력화되었습니다. 예컨대 러시아가 밤에 병력을 이동시키고 위성에 보이지 않게 위장해도, 팔란티어는 레이다 위성SAR이나 열 감지 자료를 활용해 움직임을 포착할 수 있었습니다. 그리고 이렇게 모인 데이터를 자동 분석하여 적 부대 A의 보급로 약점 좌표 같은 통찰을 현장 지휘관에게 제공함으로써, 우크라이나군의 전술적 의사 결정을 지원했습니다.

팔란티어는 민간인 보호와 전쟁 범죄 조사 분야에서도 우크라이나를 도왔습니다. 러시아의 침공으로 수백만 명의 난민이 발생하자, 팔란티어는 우크라이나 정부와 협력하여 피란민 현황과 구호물자 흐름을 추적하는 시스템을 지원했습니다. 이를 통해 우크라이나 인근 국가로 흩어진 난민들의 숫자와 위치 데이터를 시각화하고, 국제 구호단체와 정보를 공유하여 난민 지원 전략을 수립하는 데 활용했습니다. 또한 우크라이나 검찰이 팔란티어와 협력하여, 러시아군의 전쟁 범죄 증거를 데이터베이스화하는 프로젝트를 진행하고 있습니다. 이 소프트웨어는 위성사진, 영상, 피해자 증언, SNS에 올라온 자료 등을 결합해 범죄 지도의 '증거 지도'를 그립니다. 예를 들어 어느 마을에서 민간인 학살이 발생한 경우, 팔란티어는 그 시간대의 위성사진을 분석해 해당 지역에 있던 러시아군 장비의 위치를 지도에 표시하고, 주민들이 찍어 올린 스마트폰 영상과 피해자 진술서를 연계 저장합니다. 이렇게 모인 증거들은 팔란티어를 통해 시간대별, 지역별로 체계적으로 정리되어 국제형사재판소나 우크라이나 법정에서 사용할 수 있게 됩니다. 팔란티어 기술 덕분에 현재까지 보고된 7만 8,000여 건 이상의 전쟁 범죄 사례에 대한 방대한 데이터를 조사관들이 효율적으로 처리할 수 있게 되었고, 우크라이나 검찰총장은 "이 엄청난 양의 증거를 현대 IT 없이 분석하는 것이 사실상 불가능했을 것"이라며 팔란티어의 지원을 받고 있다고 밝혔습니다. 결국 팔란티어는 우크라이나 전쟁에서 실시간 군사 정보 제공부터 민간인 보호를 위한 증거 수집까지 폭넓게 기여하며, 현대 전장의 새로운 양상을 보여주는 사례가 되었습니다.

실제 결과와 성과

미군 프로젝트의 성과

팔란티어 도입은 미군의 전장 정보 활용 능력을 크게 향상시켰습니다. 아프가니스탄에서는 팔란티어 시스템이 도입된 후 도로 변에 매립된 사제폭탄IED 탐지 성공률이 높아져 많은 병사들의 인명을 구했는데, 전장 지휘관들은 팔란티어를 '생명의 은인'이라고 부를 정도였습니다. 실제로 미군 정보분석관들은 팔란티어를 활용해 IED가 매설될 위치 예측 모델을 만들었고, 이는 기존 군사 시스템보다 더 정확했다는 현장 평가를 받았습니다. 한미 육군 보고서에 따르면, 팔란티어는 아프가니스탄 전쟁에서 IED 발견 위치를 예측하는데 탁월하여, 일부 분석관들은 팔란티어가 육군 표준 시스템DCGS-A보다 훨씬 유용하다고 언급했습니다. 이렇듯 팔란티어 덕분에 순찰 부대가 위험 지역을 피하거나 사전에 폭발물을 제거하여 피해를 최소화할 수 있었고, 이는 곧 전투 사상자 감소와 작전 성공률 향상으로 이어졌습니다.

또한 팔란티어 플랫폼은 미군의 목표 식별 능력을 비약적으로 증대시켰습니다. 과거에는 사령부가 하루에 수십 개 표적밖에 지정하지 못했지만, 팔란티어의 AI와 데이터 통합을 활용한 지금은 하루 300개 이상의 표적을 찾아낼 수 있게 되었다고 합니다. 영국군 리처드 바론스 장군은 "예전엔 지휘부가 하루 최대 10개의 표적을 식별했지만, 이제는 300개 이상으로 오히려 쏠 수 있는 목표보다 많다."라고 평가했습니다. 이는 팔란티어 같은 디지털 정보 체계가 가져온 혁신적인 변화입니다. 요컨대 작은 단위의 전투에서도 팔란티어로 적의 움직임을 투명하게 파악하여, 미군이 선제적으로 대응·타격하는 전략을 구사할 수 있었습니다.

팔란티어의 군수 분야 기여로 군 운영 효율과 준비 태세도 크게 개선되었습니다. 아미 밴티지 프로그램을 통해 육군은 180여 개 분산 시스템의 데이터를 한데 모았고, 그 결과 전군 10만 명 이상의 사용자가 일상적으로 팔란티어 플랫폼을 활용하게 되었습니다. 이들은 팔란티어 덕분에 부대 인력, 장비, 훈련 상태, 예산 등을 실시간 데이터 기반으로 관리할 수 있게 되었고, 의사 결정 속도가 빨라졌습니다. 예를 들어, 부대 배치를 최적화하거나 정비가 시급한 장비를 우선순위에 따라 수리하는 작업 등이 데이터 분석 결과에 따라 자동으로 추천됨으로써, 작전 준비 태세Combat Readiness 지표가 향상되었습니다. 이러한 성과에 힘입어 미 육군은 팔란티어와의 계약을 연장하고, 앞으로도 AI 기술을 지속 도입하겠다는 방침을 세웠습니다. 2024년 말 발표된 4년 연장 계약(최대 6억 2,000만 달러 규모, 한화 약 8,950억 원)은 팔란티어 소프트웨어를 육군의 주력 데이터 플랫폼으로 공식화한 것으로, 팔란티어 기술이 미군 내에 확고히 자리 잡았음을 보여줍니다.

FBI/CIA 프로젝트의 성과

팔란티어는 미국의 테러 대응 및 범죄 수사에 획기적인 성과를 가져왔습니다. 팔란티어 소프트웨어 덕분에 미국 정보·수사 기관들은 수년간 해결하지 못했던 난제를 풀어낸 사례가 다수 있는데, 그중 몇 가지를 살펴보겠습니다.

- **테러 자금망 적발**: 팔란티어는 자금 세탁처럼 교묘히 숨겨진 테러 자금 흐름을 밝혀내는 데 쓰여, 알카에다 등 테러 조직의 재정망을 해체하는 데 기여했습니다. 팔란티어의 링크 분석은 다수의 은행 계좌와 거래 내역에서 의심스러운 연결을 찾아내, 테러 조직에 자금을 대는 기업과 개인들을 색출했습니다. 이는 전통적인 수사 기법으로는 몇 달이나 걸릴 작업을 단기간에 성과를 낸 것으로 평가됩니다.
- **테러 음모 저지**: 팔란티어의 분석 도구는 잠재적 테러 공격을 사전에 차단하는 데 핵심 역할을 했습니다. 예컨대 팔란티어를 활용한 국제 공조로 파키스탄 소재 자살폭탄 테러 음모를 적발, 서방 대상의 대형 테러를 미연에 방지한 사례가 있습니다. 팔란티어가 여러 첩보 기관의 정보를 연결함으로써 나온 성과로, 이 작전에서 수많은 생명을 구하였습니다.
- **적국 스파이망 발각**: 팔란티어는 CIA의 반첩보 활동에도 혁혁한 공을 세웠습니다. 팔란티어 분석 결과 동맹국 정부에 침투한 이중 스파이 조직이 드러났고, 이를 통해 해당 정보 누출 경로를 차단하고 관련자를 색출하는 데 성공했습니다. 이처럼 국가 안보를 위협하는 은밀한 첩보 활동을 밝혀낸 것은 팔란티어 기술의 정교한 데이터 상관분석 덕분이라는 평가입니다.

• **폭탄 공격 패턴 분석:** 팔란티어는 FBI와 미군이 협력하여 이라크 내 급조폭발
물(IED) 공격 패턴을 분석하는 데도 활용됐습니다. 팔란티어를 통해 폭탄 공격
이 일어나는 지역과 시간대 방식의 새로운 경향을 포착함으로써, 미군은 방어
전술을 조정하고 폭탄 제조 조직을 소탕하는 데 유리한 정보를 얻었습니다.

이러한 구체적 사례들 외에도, 팔란티어는 FBI와 CIA의 전반적인 업무
효율을 높여 더 많은 사건 해결과 기소로 이어졌습니다. 팔란티어가 미국
연방 범죄 수사에 도입된 이후, FBI는 복잡한 조직범죄 수사에 필요한 시
간을 대폭 단축했습니다. 예를 들어 2010년대 초 미국 재무부 산하 부패
방지감시단^{RATB}은 팔란티어를 도입해 8,000억 달러 규모의 경기부양법
Recovery Act 집행 과정에서 벌어진 부정·사기 행위를 색출했는데, 조 바이
든 당시 부통령은 팔란티어 소프트웨어를 활용한 연방정부의 이러한 노력
덕분에 성과를 거뒀다고 공적으로 인정했습니다. 이 성과에 힘입어 미국
정부는 팔란티어 기반의 사기 적발 시스템을 메디케어(노인 의료보험) 같
은 다른 부처에도 확대 적용하기로 했습니다. 이는 팔란티어 기술이 범죄,
테러뿐 아니라 정부 예산 감시 등 광범위한 분야의 문제 해결에 기여했음
을 보여줍니다.

정부 관계자들의 피드백도 대체로 긍정적입니다. 앞서 언급한 바이든
부통령의 언급 외에도, 여러 FBI 수사관은 팔란티어를 사용함으로써 "마
치 수십 명의 분석관이 추가로 일하는 효과"를 본다고 평했습니다(출처:
내부 평가 보고서). CIA 측에서도 팔란티어가 "이제까지 각 부서에 파편화
돼 숨겨져 있던 정보를 연결해 비로소 전체 그림을 보여준다."라고 평가
하며, 국가 안보상 놓칠 뻔한 위협을 인지하게 해준 사례가 많다고 밝혔습

니다. 종합하면, 팔란티어는 FBI, CIA의 임무 수행 방식에 데이터 중심의 문화를 도입하여, 더 많은 범죄자를 검거하고 더 많은 테러를 예방하는 성과를 거둔 것입니다.

국토안보부(DHS) 프로젝트의 성과

미 국토안보부DHS와 팔란티어의 협력은 미국 내 치안과 국경 안보 측면에서 가시적인 성과를 낳았습니다. 우선, 이민세관단속국ICE의 수사 사건 관리 시스템ICM 도입으로 국토안보수사국HSI 요원들의 업무 생산성이 크게 향상되었습니다. 이제 HSI 특수요원들은 모든 수사 케이스를 팔란티어 플랫폼에서 관리하며, 과거 수일 걸리던 정보 조회와 공유를 실시간으로 처리합니다. 팔란티어 소프트웨어는 접근 권한 제어와 데이터 보안 기능도 뛰어나, 여러 기관 간 민감 정보 공유시 발생할 수 있는 프라이버시 문제를 해결하면서도 수사 협조는 원활히 이루어지도록 했습니다. 덕분에 HSI는 국제 범죄 조직을 추적하면서 FBI, 국무부, 외국 기관과 민첩하게 공조할 수 있었고, 이는 여러 굵직한 사건 해결로 이어졌습니다.

구체적으로, 팔란티어 기술은 인신매매 조직과 마약 카르텔의 소탕에 큰 역할을 했습니다. HSI는 팔란티어 ICM으로 수집한 데이터를 분석하여 미국 내 인신매매 조직과 중남미 카르텔 간의 연계를 밝혀냈고, 공조 작전을 통해 핵심 인물들을 체포했습니다. 또한 팔란티어는 지적 재산권 침해범이나 국제 금융사기범을 추적하는 데도 사용되어, 복잡한 국제 사기 사건의 자금 흐름과 관련자 네트워크를 한눈에 파악하고 범죄 수익을 동결시키는 성과를 거두었습니다. 최근에는 팔란티어 분석 자료가 러시아 올리가르히(과두재벌) 제재 작업에도 활용되어, 숨겨진 해외 자산을 찾고 제재 이행을 돕는 등 국제 제재 집행 분야까지 기여하고 있습니다.

ICE가 팔란티어를 활용해 실시한 불법 이민 단속 작전에서는 단기간 내에 수백 명의 불법체류자 및 범법자를 체포하는 성과도 있었습니다. 한 예로, 팔란티어 소프트웨어를 통해 불법 이민자 데이터와 범죄 기록을 매칭한 결과를 토대로 ICE 요원들이 몇 달간 특별 단속을 벌인 결과, 443명의 대상자를 검거하는 실적을 올린 바 있습니다. 그중에는 미성년자 보호소의 부모, 친척 등도 포함되어 있긴 했지만, 팔란티어 기술이 대상자 선별과 위치 파악에 효과적이었음을 단적으로 보여주는 사례입니다. 또한 팔란티어의 자동차 번호판 추적 시스템은 미국 내 범죄 용의자의 이동을 쫓는 데 활용되어, 일례로 달아난 살인 용의자가 팔란티어 시스템 덕분에 다른 주州에서 검거되기도 했습니다.

팔란티어의 성과에 대한 DHS 관계자들의 평도 긍정적입니다. 팔란티어와 HSI의 파트너십이 10년 이상 이어져 2022년 재계약(5년간 최대 9,590만 달러 규모)으로 갱신되었는데, HSI 측은 "매일 팔란티어를 사용해 국가 안보를 위협하는 주요 범죄 네트워크를 조사·분쇄하고 있다."라고 밝히며 팔란티어의 속도와 보안성을 높이 평가했습니다. 실제로 HSI 요원들은 팔란티어 덕분에 복잡한 사건도 일목요연하게 파악할 수 있고, 여러 사건 간 숨은 관련성도 찾아내어 범죄 조직 전체를 일망타진이 가능해졌다고 보고했습니다. 다만 일각에서는 국경 보안 기술에 팔란티어 같은 민간 기업에 지나치게 의존한다는 우려도 있지만, 현재까지 DHS 산하 기관들은 팔란티어 도구를 통해 테러 방지와 미국 내 치안 유지에 실질적 성과를 거두고 있다고 평가합니다.

영국 국민보건서비스(NHS) 프로젝트의 성과

팔란티어와 협력한 영국 국민보건서비스NHS의 코로나19 대응은 데이터 활용의 성공 사례로 손꼽힙니다. 2020년 팔란티어의 파운드리 플랫폼을 기반으로 구축된 NHS 코로나19 데이터 통합 시스템은, 팬데믹 기간 동안 영국 정부의 의사 결정에 중추적 기반이 되었습니다. 영국 보건부 장관과 NHS 지휘부는 매일 팔란티어 대시보드를 참고하여 지역별 감염 동향을 파악하고, 그에 따라 병상 확보 및 봉쇄 조치 등을 결정했습니다. 특히 백신 접종 캠페인에서 팔란티어 시스템이 보여준 성과는 두드러졌습니다. 팔란티어 파운드리 덕분에 백신 공급망 관리가 효율화되어, 잉여 백신을 최소화하고 취약 계층부터 차질 없이 접종이 이뤄졌습니다. 그 결과 영국은 하루 접종 기록을 경신하며 단기간에 높은 접종률을 달성했고, 정부는 이를 두고 '세계 최고 수준world beating의 백신 롤아웃'이라고 자평했습니다.

또한 팔란티어 플랫폼은 개인 보호 장비PPE 및 의료 자원 배분의 효율성을 높였습니다. 2020년 팬데믹 절정기부터 2021년까지 팔란티어 파운드리는 영국 전역에 총 69억 점 이상의 PPE 물품을 원활히 분배하도록 지원했는데, 이는 각 지역의 수요 예측과 재고 데이터를 실시간으로 반영하여 가능한 일이었습니다. 덕분에 일선 의료진이 필수 보호 장비를 제때 공급받았고, 자원이 특정 지역에 과잉 적체되거나 다른 지역에 부족한 사태를 피할 수 있었습니다. 영국 국왕 기금King's Fund에서 2022년에 발표한 보고서에 따르면, NHS 관계자 다수가 팔란티어 파운드리를 가리켜 "백신 롤아웃에서 '단일 진실의 원천single source of truth'을 제공한 핵심 도구"라고 평가했습니다. 인터뷰에 응한 여러 보건 관계자가 한결같이 파운드리 덕분에 모든 부처와 기관이 동일한 최신 정보를 공유하여 혼선을 줄이고 신속한 결정이 가능했다고 증언한 것입니다. 이는 팔란티어 플랫폼이 NHS 내부에서 데이터에 기반한 협업 문화를 정착시켰음을 의미합니다.

팔란티어 기술에 대한 영국 정부의 만족도는 계약 연장과 후속 계획으로 이어졌습니다. 초기의 비상 계약(2,350만 파운드, 한화 약 427억 1,148만 원 규모)이 성공적으로 수행된 후, NHS는 팔란티어와 계약을 2년 연장하며 팬데믹 이후에도 데이터 플랫폼을 유지했습니다. 더 나아가 NHS는 연합 데이터 플랫폼FDP이라는 4억 8,000만 파운드 규모의 장기 프로젝트를 추진하면서, 팔란티어를 유력한 우선 협상 대상자로 고려하였습니다 (2023년 현재 팔란티어가 해당 사업을 수주한 것으로 알려졌다). 이는 팬데믹 대응을 넘어 영국 의료 시스템 전체의 디지털 혁신에 팔란티어가 계속 역할을 할 기회를 얻었음을 시사합니다. 물론 환자 데이터 취급에 민감한 여론을 의식하여 투명한 프로세스가 요구되고 있지만, NHS 지도부는 코로나19 당시 팔란티어 플랫폼이 보여준 가치—신속성, 정확성, 그리고 대규모 데이터 처리 능력—를 높이 평가하고 있습니다. NHS의 한 고위 관계자는 "파운드리 플랫폼 없이는 영국의 백신 접종 작전이 이렇게 성공적일 수 없었을 것"이라며, 민관 협력이 이룬 성과를 인정했습니다(출처: BBC 인터뷰). 종합하면, 팔란티어는 영국 NHS에 데이터 기반 의사 결정의 가능성을 입증했고, 이는 향후 보건의료 분야의 디지털 전환에도 중요한 밑바탕이 되고 있습니다.

우크라이나 지원의 성과

우크라이나 전쟁에서 팔란티어 기술의 투입은 작전 결과와 전황 변화에 상당한 영향을 준 것으로 평가됩니다. 앞서 언급했듯이, 팔란티어의 메타콘스텔레이션은 우크라이나군을 디지털화된 군대digital army로 거듭나게 해, 러시아군의 구식 전술을 압도하도록 도왔습니다. 그 효과는 2022년 하반기 우크라이나군의 남부 헤르손 탈환 작전에서 극명하게 드러났습니다. 서방 언론 보도에 따르면, 우크라이나군이 헤르손 지역을 탈환하는 과정에서 팔란티어의 AI 기반 정보 솔루션이 중요한 역할을 했습니다. 팔란티어 시스템이 제공한 러시아군 병력 이동 경로, 방어 진지 약점 좌표 등의 정확한 정보를 활용하여, 우크라이나군이 러시아군의 반격을 격퇴하고 방어선을 돌파할 수 있었다는 것입니다. 요컨대 팔란티어가 전황을 투명하게 파악하게 함으로써 우크라이나군이 기민하게 전술을 운용했고, 그 결과 병력 규모로 열세인 우크라이나가 전략적 요충지를 탈환하는 성과를 거두었습니다.

팔란티어 기술은 우크라이나군의 포병 효과도 극대화했습니다. 앞서 영국 장군의 평가처럼, 우크라이나 지휘부는 팔란티어 AI 덕분에 과거보다 수십 배 많은 표적을 찾아낼 수 있었고, 제한된 포탄으로 정확하게 러시아군 주요 표적을 타격할 수 있었습니다. 특히 러시아의 대규모 포병 우세를 팔란티어 기반 정밀 타격으로 무력화한 사례들이 보고되었습니다. 예를 들어, 팔란티어가 식별한 러시아 포병 진지 좌표에 하이마스HIMARS 등 서방의 정밀유도무기를 사용함으로써, 러시아 포대 여러 곳을 선제 제압한 것입니다. 이로 인해 러시아군이 병력과 화력에서 우세함에도 불구하고, 전장 주도권을 상실하는 현상이 나타났습니다. 이를 두고 현지 관계자는 "디지털 군대가 아날로그 군대를 상대로 압도적인 성과를 내고 있다. 우크라이나처럼 소규모 군대가 훨씬 큰 적을 능가할 수 있음을 보여줬다."라고 평했습니다.

민간인 보호 측면에서도 가시적 성과가 있습니다. 팔란티어가 지원한 전쟁 범죄 데이터베이스는 전쟁 중 벌어진 수만 건의 민간인 피해 사례를 체계화하여 향후 법적 대응 기반을 마련했습니다. 현재까지 보고된 7만 8,000여 건의 전쟁 범죄 정보가 팔란티어 시스템에 입력되어 있고, 그중 다수는 구체적 증거(위성사진, 영상, 통화 내역 등)도 함께 있습니다. 이를 통해 국제사회와 우크라이나 당국은 책임자 규명 작업을 효율적으로 진행 중입니다. 또한 팔란티어가 난민 지원에 제공한 데이터는 폴란드 등 주변 국과의 협력을 통해 수백만 난민에 대한 구호를 체계적으로 하는 데 기여했습니다. 난민 수용소 위치, 수용 인원, 필요 물자 등이 데이터로 공유되어 보다 많은 민간인에게 적절한 지원을 할 수 있었습니다.

우크라이나 정부 인사들의 피드백 역시 팔란티어 기술의 가치에 주목합니다. 우크라이나군의 디지털 전환을 이끈 일련의 민관 협력 기술 중에서도, 팔란티어는 '게임 체인저'라는 평가를 받았습니다. 우크라이나 국방부의 한 관계자는 "팔란티어 덕분에 전장의 안개Fog of War를 거둘 수 있었다."라며, 정보 열세를 극복하고 보다 적은 희생으로 방어전과 반격을 수행하는 데 큰 도움이 되었다고 밝혔습니다. 또한 우크라이나 검찰총장은 앞서 언급한 대로 팔란티어를 통해 방대한 증거를 다룰 수 있게 된 점을 강조하며, "정의 구현을 위한 중요한 무기를 얻었다."라고 평가했습니다. 이러한 성과들은 팔란티어가 단순한 기술 공급을 넘어 전쟁의 양상을 바꾸는 전략적 파트너로 자리매김했음을 보여줍니다.

논란 및 윤리적 문제

팔란티어의 기술은 강력한 만큼 안보와 시민 자유의 균형 문제를 둘러싸고 많은 논란을 불러일으켰습니다. 우선, 데이터 프라이버시 측면에서 시민단체와 인권 옹호자들은 팔란티어가 정부에 제공하는 감시 기술이 사생활 침해로 이어질 수 있다고 우려합니다. 팔란티어 플랫폼은 방대한 개인정보 데이터베이스들을 연결해 주는데, 이는 범죄자 검거에는 유용할지라도 일반인들의 움직임과 정보를 정부가 들여다볼 위험을 초래한다는 지적입니다. 실제로 팔란티어가 개발에 참여한 북가주 자동차 번호판 인식 시스템은 나중에 민간인 이동 추적에 악용될 수 있다는 비판을 받았습니다. 또한 팔란티어가 뉴올리언스 경찰과 비밀리에 추진했던 범죄 예측 predictive policing 파일럿 프로그램은 시민 통제 없이 진행되다가 뒤늦게 알려져 논란이 되었고, 결국 중단되었습니다. 이런 사례들은 팔란티어 기술이 잘못 사용될 경우 무분별한 감시 사회로 이어질 수 있음을 보여줍니다.

이민자 사생활 및 인권 문제도 큰 쟁점입니다. 팔란티어 소프트웨어는 미국 이민세관단속국ICE의 불법 이민 단속에 활용되어 수백 명의 이민자를 체포하는 데 기여했습니다. 그중 범죄 혐의가 없는 단순 서류 미비 이민자나 난민 어린이의 부모들까지 포함되어 가족의 생이별을 초래한 사례도 있었습니다. 이로 인하여 팔란티어는 트럼프 행정부의 강경 이민정책을 기술적으로 뒷받침하며 인권 침해에 동조했다는 비판을 받았습니다. 2019년과 2020년 팔란티어의 기업 공개IPO 전후로는, 미국 전역에서 대학생과 인권 단체들이 팔란티어의 ICE 계약에 항의하는 시위를 벌이고 팔란티어 본사 앞을 봉쇄하는 일까지 벌어졌습니다. 팔란티어 직원들에게 "가족 분리를 돕지 말라"는 공개서한이 전달되기도 했습니다(출처: 「가디언」 2020). 이는 팔란티어 기술이 정부의 논란 많은 정책 실행을 돕는 역할을 할 때 기업의 윤리적 책임이 무엇인지에 대한 사회적 논쟁으로 확대되었습니다.

의료 데이터와 프라이버시 역시 뜨거운 감자입니다. 팔란티어가 영국 국민보건서비스NHS의 환자 데이터를 다루게 되자, 영국의 시민 자유 단체들은 민간 기업이 민감한 의료정보에 접근하는 절차가 명확하다고 반발했습니다. 보수당 데이비드 데이비스 의원 등은 팔란티어의 환자 데이터 취득이 환자 동의 없이 이뤄졌다며 사법 검토를 요구하기도 했습니다. NHS의 차기 데이터 플랫폼 입찰을 앞두고도 팔란티어가 이미 많은 데이터를 접했기 때문에 불공정한 우위를 점하고 있다는 비판('입찰 과정이 우스꽝스럽다'는 시민단체 주장)이 제기되었습니다. 이러한 논란은 팔란티어가 공공 영역에서 점점 영향력을 넓히는 데 따른 독점 우려와 투명성 요구로 이어집니다. 정부가 팔란티어 시스템에 의존하게 되면, 향후 계약을 지속 연장할 수밖에 없어 팔란티어에 대한 종속dependency이 심화될 거라는 지적이 나옵니다. 실제로 팔란티어는 한 번 도입된 후 기관 업무 흐름에 깊숙이 스며들어 교체하기 어려운 구조로 설계된다는 평가가 있는데, 이는 정부로서는 편리하지만 장기적으로 특정 기업에 락인lock-in될 위험이라는 것입니다.

팔란티어 측은 이런 우려에 대해 몇 가지 대응 논리를 펴고 있습니다. 첫째, 팔란티어는 "우리는 데이터를 소유하거나 직접 수집하지 않는다."라며, 고객(정부)이 이미 가진 데이터를 더 안전하고 유용하게 쓸 수 있게 도와주는 소프트웨어 제공자일 뿐이라고 강조합니다. 둘째, 팔란티어 플랫폼에는 엄격한 접근 권한 통제와 감사 추적 기능이 내장되어 있어 승인된 요원만 필요한 데이터에 접근하고, 누가 언제 어떤 정보를 봤는지 기록이 남으므로 오남 국토안보수사국HSI 수사 사건 관리 시스템ICM이 팔란티어를 선정한 이유 중 하나도 데이터 접근 통제와 보안 기준 준수 능력이었으며, 팔란티어는 이 점을 강조하고 있습니다. 셋째, 팔란티어 경영진은 민주주의 국가의 안보를 돕는 것이 자신의 사명이며, 법이 허용하지 않는 범위의 데이터 활용은 하지 않는다고 밝혀왔습니다. 예컨대 중국이나 러시아 같은 권위주의 정부와는 협력하지 않고, 미국 및 동맹국들과만 일한다는 원칙을 표명하여 기술 윤리 측면의 선을 그으려는 모습을 보였습니다(출처: 팔란티어 CEO 공개서한).

그럼에도 불구하고 시민사회에서 제기하는 감시 기술에 대한 경계는 계속되고 있습니다. 팔란티어가 개발한 기술 중에는 사회적 논의를 거치지 않고 도입된 것들도 있어, 기술의 민주적 통제에 대한 문제가 있습니다. 예를 들어 뉴올리언스의 비밀 예측 폴리싱 실험처럼, 공론화 없이 시행되다 나중에 알려진 경우 시민들은 사후적 불신을 갖게 되었습니다. 또한 팔란티어의 핵심 인물인 피터 틸 같은 인사가 정부 정책에 영향을 미치는 정치적 행보를 보이면서, 기업과 정부의 유착 및 이해 충돌에 대한 우려의 목소리도 있습니다(틸은 트럼프 정권 인수위에도 참여). 따라서 팔란티어는 강력한 기능만큼이나 사회적 책임과 투명성을 요구받고 있습니다. 앞으로도 팔란티어가 정부와 협력할 때 이러한 윤리적 도전과 비판은 피할 수 없어 보이며, 안보와 자유 사이의 균형을 어떻게 유지하느냐가 지속적인 화두가 될 것입니다.

미래 전망

팔란티어의 각종 프로젝트에서 나타난 성공과 한계는 향후 유사 프로젝트의 확대 가능성과 방향성을 시사합니다. 우선, 국방/안보 분야에서 팔란티어의 역할은 앞으로 더욱 커질 전망입니다. 러시아-우크라이나 전쟁을 통해 첨단 데이터 기술이 전쟁의 판도를 바꿀 수 있음이 증명되면서, 미국 및 나토 동맹국들은 팔란티어와 같은 민간 데이터 기업과의 협력을 강화하려는 움직임이 있습니다. 실제로 나토는 AI와 데이터 통합이 미래 분쟁에서 필수적 요소라고 오래전부터 인식해 왔고, 이번 우크라이나 전쟁은 그 교훈을 확고히 했습니다. 따라서 나토 회원국들과 기타 우방국(일본, 호주 등)들이 팔란티어의 군사 정보 플랫폼 도입을 검토하거나 시범 운용할 가능성이 높습니다. 벌써부터 폴란드, 리투아니아 등 동유럽 국가들은 우크라이나의 사례를 눈여겨보며 자국 방위에 팔란티어 기술을 참고하고 있으며, 일부는 협의를 진행 중인 것으로 알려졌습니다(출처: 「이코노미스트」). 미국 군대 내에서도 팔란티어의 AI 플랫폼AIP을 차세대 합동 전장 지휘 체계(JADC2 등)에 통합하는 연구가 진행되고 있어, 미군의 데이터 중심 전쟁 수행 능력이 한층 강화될 전망입니다.

정보기관 및 치안 분야에서도 팔란티어와의 협력이 지속되고 확대될 것입니다. 미국 정보 커뮤니티USIC는 이미 팔란티어를 임무 수행의 핵심 도구로 활용하고 있으며, 갈수록 늘어나는 사이버 위협, 미국 내 극단주의 테러 등에 대응하기 위해 더 진일보한 데이터 분석 기법이 필요합니다. 팔란티어는 여기에 맞춰 AI를 활용한 새로운 기능을 추가하고 있는데, 예컨대 다크웹상의 불법 행위를 탐지하거나 소셜미디어상의 테러 조짐을 조기에 발견하는 알고리즘 등을 개발 중입니다. 이러한 기술들이 성과를 보이면 FBI, NSA 등은 팔란티어의 솔루션을 추가 도입할 가능성이 큽니다. 한편 팔란티어와 국토안보부DHS의 파트너십은 단기간에 끝나지 않을 것입니다. 미국 내 이민 문제와 국경 안보 이슈가 계속되는 한, 팔란티어 수사 사건 관리 시스템ICM 같은 시스템은 국경관리의 표준 인프라로 자리 잡을 수 있습니다. 다만 정치적 정권 교체에 따라 우선순위가 달라질 수는 있겠지만, 팔란티어는 이미 이민세관단속국ICE과 국토안보수사국HSI 업무 흐름에 깊이 녹아들어 있어 계속 활용될 공산이 큽니다.

영국 및 기타 동맹국의 공공부문 디지털화에서도 팔란티어의 입지가 확대될 전망입니다. 영국 국민보건서비스NHS의 연합 데이터 플랫폼FDP 사업은 팔란티어에게 해외 의료시장 진출의 교두보입니다. 팔란티어로서는 반드시 따내야 할 프로젝트로 간주하고 투자해 왔으며, 만약 성공적으로 장기 계약을 맺는다면 영국 의료 전반에 파운드리 플랫폼을 공급하여 사실상 국가 의료데이터 인프라의 표준으로 자리매김할 것입니다. 이는 유럽 다른 국가의 보건 시스템에도 영향을 미쳐, 독일, 프랑스 등도 비슷한 플랫폼 도입을 검토할 수 있습니다. 다만 유럽연합EU은 미국보다 개인정보 보호 규제가 엄격하기 때문에 팔란티어에 높은 준법 기준을 요구할 것이며, 팔란티어가 이에 대응하여 투명성과 데이터 거버넌스 기능을 강화한다면 시장을 넓히는 데 도움이 될 것입니다. 그 외에 캐나다, 호주 등 파이브 아이즈Five Eyes 동맹국들도 이미 팔란티어를 일부 도입한 바 있고, 향후 보건, 국방, 이민 등 분야에서 협력을 확대할 가능성이 있습니다.

민간 및 산업 분야로의 확장도 팔란티어 미래 전략의 한 축입니다. 팔란티어는 원래 정부 고객으로 성장했지만, 최근 제조, 금융, 에너지 기업들도 팔란티어 파운드리를 도입하고 있습니다. 정부 프로젝트의 성공 경험을 바탕으로 글로벌 상업 시장에서 입지를 넓히는 것은 팔란티어의 수익 다각화에 중요합니다. 예를 들어, 팔란티어는 에어버스Airbus와 협력하여 항공기 생산 데이터 통합 플랫폼Skywise을 구축했고, 이는 항공기 생산성 33% 향상 등의 결과를 가져왔습니다. 이러한 상업적 성과는 다시 정부에 어필할 수 있는 기술 신뢰도를 높이고, 선순환을 형성할 것입니다. 또한 팔란티어는 기후 변화 대응, 대형 재해 관리 같은 새로운 공공 이슈에도 솔루션을 제시하며 시장 역할을 확대할 것으로 보입니다. 이미 세계식량계획WFP과 인도주의 지원 물자 공급망 추적을 수행한 경험이 있고, 미국 보건복지부HHS와 함께 팬데믹 대응 플랫폼Tiberius을 구축해 백신 생산·배포를 관리한 전례도 있습니다. 이처럼 재난 대응, 공급망 탄력성, 에너지 그리드 관리 등 정부와 민간이 모두 필요로 하는 분야에 팔란티어는 적극 진출할 것으로 예상됩니다.

물론 팔란티어의 미래가 장밋빛 일색인 것만은 아닙니다. 앞서 언급한 윤리적 논란과 규제 압박은 여전히 변수입니다. 각국 정부가 데이터 주권을 강조하고 규제를 강화한다면, 팔란티어 같은 외부 기업이 공공 데이터에 접근하는 데 제약이 걸릴 수도 있습니다. 또한 경쟁사들의 도전도 거세질 전망입니다. 이미 IBM, SAS, 스플렁크Splunk 등 기업들이 유사한 빅데이터 분석 플랫폼을 정부에 제공하고 있고, 각국 토종 IT 기업들이 정부 사업에 참여하려 할 것입니다. 팔란티어는 이런 경쟁 속에서도 기술적 우위를 지켜야 지속 성장이 가능할 것입니다. 이를 위해 팔란티어는 AI 연구와 소프트웨어 최적화에 상당한 투자를 하고 있으며, 최근에는 대형 언어 모델LLM 등을 군사/정부 영역에 적용하는 AIP 플랫폼을 선보이기도 했습니다(2023년 공개). 이 신기술들은 정부 사용자들이 자연어로 AI에게 질문해 답을 얻거나, 방대한 문서에서 요점을 자동 추출하는 등 차세대 분석 기능을 제공할 것으로 기대됩니다.

마지막으로, 팔란티어 경영진은 '서방의 안전 보장에 기여하는 기업'으로써 정체성을 강조하고 있어 향후에도 미국 및 동맹국 정부와 긴밀한 관계를 유지할 것입니다. 알렉스 카프 CEO는 CNBC 인터뷰에서 러시아-우크라이나 전쟁을 계기로 "큰 국가들이 군사 전략을 재고하고 있다."라고 하면서, 팔란티어 같은 기업이 그 빈틈을 메우고 있다고 언급했습니다. 이는 팔란티어가 단순 납품업체가 아니라 안보 분야의 협업 파트너로서 정책 담론에도 영향력을 행사할 수 있음을 시사합니다. 앞으로 국제 정세가 불안정할수록 각국 정부는 데이터 우위를 확보하기 위해 팔란티어를 찾을 가능성이 높습니다. 예컨대 아시아-태평양 지역의 안보 협력(남중국해 분쟁, 대만 해협 등)에서도 팔란티어 같은 서방 기술 기업이 개입할 여지가 있으며, 실제로 일본 자위대 등이 팔란티어 기술 시연을 받았다는 보도도 있습니다. 팔란티어가 이러한 기회를 포착하여 글로벌 안보 인프라의 일부분이 된다면, 기업 가치와 영향력은 한층 상승할 것입니다.

요약하면, 팔란티어의 향후 전망은 두 갈래로 볼 수 있습니다. 하나는 공공부문에서의 지속적인 확장으로, 국방, 정보, 보건, 치안 등 핵심 정부 분야의 데이터 파트너로 자리매김하는 것입니다. 다른 하나는 민간 경계를 넘나드는 혁신으로, 민간 기업들과 협력하여 새로운 문제 해결에 나서는 것입니다. 팔란티어가 지금까지 각 분야에서 만든 변화들은 이러한 미래를 뒷받침하는 실적이자 사례가 됩니다. 물론 이 과정에서 감시와 자유의 균형이라는 난제도 함께 풀어가야 할 테지만, 분명한 것은 빅데이터와

AI 시대의 안보·행정 패러다임에서 팔란티어가 이미 중요한 축을 담당하고 있으며, 그 영향력은 앞으로 전 세계적으로 더욱 확대될 가능성이 크다는 점입니다.

CHAPTER 6

시장을
지배할 수 있었던
이유

팔란티어의 비즈니스 모델

정부 계약과 민간 시장 확장, 구독 모델과 수익 창출

데이터 분석 기업들의 일반적인 수익 창출 방식

데이터 분석 및 인공지능^AI 기반 기업들은 주로 소프트웨어 판매와 서비스 제공을 통해 수익을 창출합니다. 과거에는 기업들이 완성한 소프트웨어를 라이선스 형태로 판매하여 일시불로 큰 금액을 받고, 유지·보수 계약을 추가로 맺는 방식이 일반적이었습니다. 예를 들어, 어느 기업이 데이터 분석 플랫폼을 구매하면 초기 도입 비용(라이선스 비용)을 지불하고 매년 소프트웨어 업데이트와 기술 지원을 위한 유지보수료를 냈습니다. 이는 공급 업체 입장에선 즉각적인 현금흐름을 주지만, 고객으로서는 초기 부담이 크다는 단점이 있습니다.

반면 최근에는 클라우드 기반의 소프트웨어 즉 SaaS^Software as a Service 구독 모델이 급격히 부상했습니다. SaaS 모델에서는 고객이 소프트웨어를 설치하는 대신 공급자의 클라우드 서버를 통해 서비스를 이용하고, 월간 또는 연간 구독료를 내는 형태입니다. 이렇게 하면 초기 도입 비용이 적어지고, 고객은 필요한 기간만 비용을 지불하며 항상 최신 버전의 소프트웨어를 사용할 수 있습니다. 공급 업체 입장에서는 매달 꾸준한 반복 수익Recurring Revenue이 확보되어 안정적인 현금흐름을 얻고 고객 유지에 집중할 수 있게 됩니다. 전통적인 영구 라이선스 판매에서 구독 기반으로 전환함으로써 소프트웨어 업계 전반에 지속적인 매출이 발생하는 구조로 자리 잡았습니다. 실제로 오늘날 기업용 소프트웨어의 상당수가 SaaS 형태로 제공되고 있으며, 기업들도 정기 구독 예산을 편성하여 사용하는 추세입니다.

이와 함께 데이터 분석 기업들은 전문 서비스를 통해서도 수익을 냅니다. 복잡한 데이터 프로젝트의 경우 단순히 소프트웨어만 제공해서는 효과를 내기 어려우므로, 공급 업체가 자사의 전문가를 투입하여 컨설팅, 맞춤형 시스템 통합, 교육 등을 제공합니다. 이러한 프로페셔널 서비스는 프로젝트 단위로 과금되거나 시간 기반 컨설팅 요율로 과금되어 추가적인 수익원이 됩니다. 특히 고객이 소프트웨어를 도입해 자사 데이터와 시스템에 통합하는 과정에서 발생하는 데이터 통합 및 마이그레이션 작업도 중요한 서비스 수입원입니다. 요약하면, 데이터 분석 기업들은 ① 소프트웨어 라이선스/구독 판매, ② 클라우드 서비스 제공, ③ 컨설팅 및 기술 지원 서비스 등을 복합적으로 활용하여 매출을 올립니다.

한편, 이러한 데이터 분석 솔루션에 대한 수요는 다양한 산업군 전반에 걸쳐 증가하고 있습니다. 금융, 제조, 의료, 에너지, 유통 등 거의 모든 분야의 기업들이 빅데이터와 AI를 활용한 인사이트를 원하고 있습니다. 예를 들어 금융 업계에서는 고빈도 트레이딩이나 부정 거래 탐지를 위해 실시간 데이터 분석을 도입하고 있고, 은행들은 고객 행동 데이터를 분석해 사기 거래를 잡아내거나 리스크 관리를 강화하고 있습니다. 헬스케어 분야에서는 환자 데이터와 임상 정보 분석을 통해 치료 효율을 높이고 있으며, 제조업에서는 센서 데이터를 모아 예지보전(설비 고장 예측)과 공급망 최적화에 활용합니다. 에너지 산업에서는 사물 인터넷IoT 센서와 생산 데이터 분석으로 자원 채굴과 발전 효율을 높이고, 유통/리테일 기업들은 소비자 구매 데이터를 분석해 재고를 최적화하고 개인화 마케팅에 활용하고 있습니다. 이러한 데이터 분석의 광범위한 활용 덕분에 전 세계 기업들은 빅데이터 분석에 연간 1,800억 달러 이상을 지출하고 있다는 조사도 있습니다. 이처럼 산업 전반에서 데이터 기반 의사 결정의 가치가 인정되면서, 데이터 분석 기업들의 비즈니스 기회도 폭넓게 확대되고 있습니다.

팔란티어의 정부 계약 모델

팔란티어 테크놀로지스는 창업 초기부터 정부 기관과의 밀접한 협력을 비즈니스 전략의 핵심으로 삼았습니다. 특히 미국의 정보기관과 국방부가 팔란티어의 첫 주요 고객이었습니다. 팔란티어는 2000년대 중반 미국 CIA의 벤처투자 기관 인큐텔의 지원을 받았고, 이후 CIA, FBI, 국방부DOD, 국토안보부DHS 등과 함께 첩보 분석 플랫폼을 개발했습니다.

팔란티어 고담이라 불리는 이 소프트웨어는 대량의 데이터를 통합해 테러 방지나 범죄 수사를 돕는 용도로 만들어졌고, 9.11 테러 이후 정부의 방대한 데이터를 연결 분석하려는 수요와 맞물려 성장했습니다. 미 연방 정부를 비롯한 동맹국 정부 기관들은 팔란티어의 초기 주 고객층이 되었으며, 정부 부문 매출은 오랫동안 팔란티어 수익의 근간이었습니다. 실제로 2020년 상반기 기준 팔란티어 매출의 54%가 정부 부문에서 나왔고, 2023년 전체로 보면 약 55%(12억 달러 규모)가 정부 계약에서 발생하여 상업 부문(45%)보다 큰 비중을 차지했습니다. 다시 말해 팔란티어는 매출 절반 이상을 정부 계약에 의존하는 구조로 되어 있습니다.

팔란티어의 정부 계약 구조는 대개 대규모 장기 계약 형태를 띠며, 초기에는 특정 프로젝트 기반으로 시작해 향후 장기 유지·보수로 이어지는 경우가 많습니다. 예를 들어, 팔란티어가 국방부와 시범 프로젝트를 수행하여 성과를 입증하면, 이후 수년간 해당 시스템을 운영·업그레이드하는 장기 계약을 체결하는 식입니다. 이러한 계약에는 소프트웨어 라이선스 공급뿐 아니라 지속적인 기술 지원과 맞춤형 기능 개발이 포함됩니다.

팔란티어는 종종 정부 고객과 몇 년마다 멀티이어 계약을 맺으며, 계약 범위에 소프트웨어 사용 권한(구독)과 현장 지원 서비스를 함께 제공하는 패키지 형태가 일반적입니다. 특히 보안이 중요한 군사/정보 기관의 경우 팔란티어 소프트웨어를 해당 기관의 자체 서버(온프레미스)에 설치하고 운용 인력이 상주 지원하는 맞춤형 솔루션을 제공합니다. 그러면서도 팔란티어는 자체 소프트웨어 업데이트 아폴로 플랫폼을 통해 많은 정부 고객에게 일관된 업그레이드를 제공하여 규모의 경제를 내고자 합니다.

정부 계약의 장점은 무엇보다 안정적인 수익원이라는 점입니다. 국방·정보 예산은 규모가 크고 집행이 비교적 안정적이어서, 한 번 팔란티어가 핵심 시스템 공급자로 선정되면 매년 꾸준한 매출을 보장받을 수 있습니다. 실제로 팔란티어의 플랫폼이 일단 정보기관에 깊숙이 통합되면, 업무 프로세스가 팔란티어 소프트웨어에 의존하게 되어 다른 시스템으로 교체하기 어려워집니다. 이러한 높은 전환 비용(락인 효과)은 팔란티어에 경쟁 우위를 주어, 기존 정부 고객과의 계약이 장기간 유지되는 경향이 있습니다. 또한 정부 프로젝트를 수행하며 축적한 기술과 신뢰도는 다른 국가 기관이나 동맹국 시장으로 평판 효과를 일으켜 추가 사업 기회를 가져오기도 합니다.

그러나 단점도 분명합니다. 우선 팔란티어 사업의 정부 의존도가 지나치게 높아진다는 게 리스크입니다. 정부 예산은 정책적 변화나 경기 변동에 영향을 받을 수밖에 없습니다. 실제로 정권 교체나 예산 삭감 등이 발생하면 해당 부처와 맺었던 계약 규모가 줄거나 연장이 불투명해질 수 있습니다. 예를 들어 팔란티어 공동 창업자 피터 틸의 정치적 성향 때문에 일부 정권에서는 팔란티어와의 협력을 꺼릴 수 있다는 분석도 있습니다.

또한 정부 상대로 계속할 경우 민간 시장의 성장 기회를 놓쳐 장기 성장성이 제한될 우려도 있습니다. 정부 프로젝트는 긴 입찰 과정과 복잡한 요구사항으로 인해 사업 획득까지 시간이 오래 걸리고, 수익 구조가 대규모 소수 계약에 집중되는 경향이 있어 고객 다변화 측면에도 한계가 있습니다. 실제로 팔란티어는 2020년 S-1 공개 자료에서 상위 20개 고객이 매출 대부분을 차지한다고 밝힌 바 있는데, 이 중 많은 거래처가 정부 기관이었습니다. 이런 구조는 만약 몇몇 핵심 계약을 잃게 되면 큰 타격을 입힐 수 있습니다.

그럼에도 불구하고 최근 팔란티어는 굵직한 정부 계약을 연이어 따내며 이 부문 매출을 꾸준히 늘려왔습니다. 예를 들어 2023년 미 국방부와 약

4억 8,000만 달러 규모의 인공지능 프로젝트^{Maven} 계약을 체결하여 정부 사업 기반을 한층 강화했습니다. 또한 미국 군대의 전장 정보 시스템, 질병통제센터^{CDC}의 코로나19 대응 플랫폼, 영국 보건국^{NHS}의 의료 데이터 통합 등 다양한 정부 과제를 수주하면서 정부 매출을 견고하게 성장시켰습니다. 팔란티어의 연간 정부 부문 매출은 2019년 약 3억 달러 후반 수준에서 2023년에는 12억 달러로 증가하며 계속 신기록을 경신하고 있습니다. 다만 이러한 성장세에도 팔란티어 경영진은 정부 의존도를 줄이고 매출 포트폴리오를 다변화해야 한다는 전략적 과제를 인식하고 있습니다. 요약하면, 정부 계약 모델은 팔란티어의 초기 성장엔진이자 현재까지도 수익의 기둥이지만, 동시에 의존도 리스크를 관리하기 위한 노력이 요구되는 양날의 검이라 할 수 있습니다.

민간 시장 확장 전략

팔란티어가 민간 상업 시장으로 사업을 확장하려는 움직임은 정부 의존도를 완화하고 지속적인 성장 동력을 확보하기 위한 전략적 선택입니다. 정부 부문에서 성공을 거둔 팔란티어였지만, 전 세계 민간 기업 시장의 규모가 훨씬 크고 다양하기 때문에 장기적인 매출 성장을 위해서는 상업 고객 비중 확대가 필수입니다. 특히 2020년대 들어 빅데이터와 AI에 대한 기업들의 관심이 폭발적으로 증가하면서, 팔란티어도 이러한 민간 수요를 공략하지 않으면 경쟁에서 뒤처질 수 있다고 판단했습니다. 한때 팔란티어 매출의 약 60%까지 정부가 차지했지만, 최근 민간 부문 매출이 더 빠르게 성장하면서 2023년에는 민간 시장 매출이 45%까지 올라왔습니다.

팔란티어 입장에서는 수익 구조를 균형 있게 만들고 대형 정부 프로젝트에 따른 변동성을 줄이기 위해, 금융부터 제조까지 다양한 업계의 기업 고객을 끌어들이는 데 박차를 가하고 있습니다.

팔란티어가 민간 기업에 제공하는 가치는 크게 데이터 통합, 리스크 관리, 운영 최적화로 요약할 수 있습니다. 많은 대기업은 방대한 데이터를 가지고 있지만 부서별로 데이터가 사일로silo처럼 분리되어 있거나, 기존 시스템이 노후화되어 분석 활용에 어려운 경우가 많습니다. 팔란티어 파운드리 플랫폼은 기업 내부의 수백 개에 달하는 서로 다른 데이터 소스들을 한데 모아 통합하고, 그 위에서 AI 분석과 시뮬레이션을 수행할 수 있는 중앙 데이터 운영체제 역할을 합니다. 실제로 스위스의 한 대형 은행 Credit Suisse은 팔란티어를 도입해 100여 개 시스템의 데이터를 통합 분석함으로써 복잡한 규제 준수와 사기 탐지 업무를 효율화했습니다. 이러한 데이터 통합 능력은 인수·합병을 통해 시스템이 복잡해진 기업이나, 글로벌 사업으로 지역별 시스템이 다른 기업들에게 특히 유용합니다.

또한 팔란티어는 기업들이 직면한 다양한 리스크 관리 요구에 대한 해법을 제공합니다. 예를 들어 금융기관의 자금세탁 방지AML나 사기 거래 탐지, 보험사의 사고 예측 및 부정 청구 식별, 제조사의 품질 문제 조기 발견 등에 팔란티어의 플랫폼이 활용됩니다. 팔란티어 소프트웨어는 여러 데이터의 상관관계를 분석하여 이상 징후를 조기에 포착하거나 시나리오 모의실험을 통해 최적 대응 방안을 찾도록 돕습니다.

공급망 관리 분야도 중요한 활용 사례입니다. 글로벌 제조업이나 유통업에서는 부품 공급업체의 재무 위험, 물류 병목, 원자재 가격 변동 등이 사업 연속성에 큰 영향을 미치는데, 팔란티어는 실시간 데이터로 공급망

전 과정을 가시화하고 AI로 위험 요인을 예측하여 대응할 수 있도록 해줍니다. 팔란티어를 도입한 기업들은 서로 단절되어 있던 운영 데이터를 한 화면에서 통합적으로 보면서 문제가 생기기 전에 조치하거나, 데이터 기반의 의사 결정 문화를 정착시킬 수 있게 되는 것입니다.

팔란티어의 파운드리 플랫폼은 이러한 민간 기업의 요구를 충족시키기 위해 설계된 제품으로, 다양한 산업 분야에서 활용 사례를 만들어냈습니다. 대표적으로 항공기 제조사 에어버스는 2017년 팔란티어와 협력해 스카이와이즈Skywise라는 항공 데이터 통합 플랫폼을 구축했습니다. 이를 통해 에어버스는 항공기 운영 데이터를 분석하여 항공사 고객에게 예방 정비 시기 예측, 운영 효율 개선 같은 부가가치를 제공하고 있습니다. 에너지 기업 BP도 팔란티어를 2014년부터 도입한 주요 고객인데, 북해와 오만 유전 등 BP의 전 세계 생산 현장에 팔란티어 소프트웨어를 적용하여 디지털 트윈을 구축했습니다. 센서 200만 개에서 수집되는 실시간 운영 데이터를 팔란티어로 통합 모델링하여, BP는 생산 설비를 최적화하고 운영 비용을 절감하는 효과를 봤습니다.

자동차 분야에서는 세계적인 스포츠카 제조사 페라리Ferrari가 팔란티어와 협업하고 있습니다. 페라리의 포뮬러1팀(스쿠데리아 페라리)은 2016년부터 팔란티어 파운드리를 도입해 매 시즌 1조 5,000억 개에 달하는 레이스 데이터를 실시간 분석함으로써 엔진 성능을 조율하고 주행 전략을 수립했습니다.

그 결과 과거 수 분 걸리던 복잡한 계산을 단 몇 초 만에 수행하여, 레이스 도중에도 데이터 기반 판단을 내릴 수 있게 되었다고 합니다. 이처럼 항공, 에너지, 자동차, 나아가 헬스케어, 보험, 물류 등 여러 민간 산업군의 선도 기업들이 팔란티어를 활용해 데이터 드리븐 혁신 사례를 만들어 가고 있습니다.

팔란티어의 민간 비즈니스 확장에는 물론 도전 과제도 존재합니다. 먼저 가격 측면에서 팔란티어 솔루션은 쉽게 도입할 수 있는 값싼 소프트웨어가 아니라는 점입니다. 팔란티어는 각 고객사의 복잡한 문제를 해결해 주는 고급 맞춤형 플랫폼인 만큼, 도입 및 운영 비용이 높게 책정되는 경향이 있습니다. 대형 제조사나 은행처럼 막대한 가치를 창출할 수 있는 기업들은 비용을 감내하지만, 중소 규모 기업이나 데이터 성숙도가 낮은 조직에는 비용 대비 효과에 대한 의구심이 있을 수 있습니다. 이 때문에 팔란티어는 고가 정책으로 시장 저변 확대에 한계를 겪는다는 지적도 받았습니다.

또한 민간 영역에는 이미 강력한 경쟁자들이 다수 포진해 있습니다. 예를 들어 IBM이나 SAP 같은 전통적 기업용 소프트웨어 강자는 자체적인 데이터 분석 솔루션과 컨설팅 인력을 보유하고 있고, 마이크로소프트의 애저Azure 클라우드 플랫폼도 빅데이터 및 AI 도구들을 빠르게 발전시켜 기업 고객들을 끌어모으고 있습니다.

한편 최근 부상한 스노우플레이크Snowflake나 데이터브릭스Databricks 같은 신흥 데이터 플랫폼 업체들은 팔란티어보다 더 개방적이고 개발자 친화적인 데이터 플랫폼을 앞세워 시장을 공략하고 있습니다. 실제로 팔란티어는 스노우플레이크, 데이터브릭스, IBM, 마이크로소프트 애저 등과의 경쟁 압력에 직면해 있다는 평가가 나오며, 이는 향후 성장에 리스크 요인으로 지목됩니다.

요약하면 팔란티어는 탁월한 기술력과 사례를 바탕으로 민간 시장을 개척하고 있으나, 높은 진입 비용과 치열한 경쟁 환경을 극복하기 위한 전략적 노력이 필요한 상황입니다.

팔란티어의 구독 모델과 수익 창출 방식

초창기 팔란티어의 비즈니스 운영은 프로젝트 중심의 색채가 강했습니다. 앞서 언급했듯 정부와 대기업의 복잡한 문제를 해결하기 위해 팔란티어 엔지니어 팀이 직접 현장에 투입되어 소프트웨어를 고객 맞춤으로 구성해 주는 방식이었죠. 이는 마치 컨설팅 업체처럼 고객마다 별도의 프로젝트를 수행하는 형태였고, 그만큼 개별 계약당 투입되는 노력과 비용이 많았습니다. 팔란티어는 이렇게 파일럿 프로젝트를 거의 무료에 가깝게 제공해서라도 우선 고객을 '확보'한 뒤, 사용 부서를 늘리고 기능을 '확장'하면서 점진적으로 매출을 증대하게 만듭니다.

최종적으로는 기업 전반에 도입되어 안정적인 구독 '매출'을 얻는 획득 Acquire, 확장Expand, 확대Scale 3단계 전략을 구사해왔습니다. 이 과정에서 초기에는 팔란티어가 적자를 감수하고 투입하지만, 일단 고객 조직에 깊이 뿌리내리면 이후부터 높은 이윤을 지속 창출하는 구조입니다. 이러한 모델은 대형 고객을 확보하는 데 효과적이었으나, 상대적으로 고객 수를 빠르게 늘리기 어려운 한계도 있었고 팔란티어 자신의 운영 비용이 많이 드는 구조이기도 했습니다.

이 때문에 팔란티어는 시간이 지나면서 보다 제품화된 소프트웨어 판매, 즉 구독형 비즈니스 모델로 전환을 추진해왔습니다. 핵심 제품인 팔란티어 파운드리를 기업들이 보다 손쉽게 도입할 수 있도록 표준화하고, 팔란티어가 클라우드 상에서 호스팅하여 제공함으로써 SaaS화를 진행한 것입니다. 현재 팔란티어의 계약은 멀티이어(다년) 구독 계약 형태로 맺어지는 경우가 많으며, 두 가지 방식으로 제공됩니다. 첫째는 팔란티어의 클라우드 인프라Palantir Cloud에서 소프트웨어를 서비스 형태로 제공하고 구독료를 받는 것이고, 둘째는 고객사의 자체 시스템(온프레미스)에 소프트웨어를 설치하되 정기 구독 형태로 라이선스 비용을 청구하고 원격으로 지속적인 업데이트와 지원 서비스를 제공하는 것입니다. 두 경우 모두 팔란티어와 고객은 연 단위로 사용료를 지불하는 구독 관계를 맺고, 계약 기간 동안 팔란티어는 필요한 업그레이드, 유지·보수, 사용자 교육 등을 수행합니다. 요컨대 이전처럼 한 번 팔고 끝나는 것이 아니라, 소프트웨어 이용에 대해 지속적으로 과금하는 모델로 바뀐 것입니다.

팔란티어의 가격 책정은 고객 규모와 활용 범위에 따라 맞춤형으로 결정되는 경향이 있습니다. 개별 고객이 필요로 하는 사용자 수, 데이터양, 보안 요구사항, 커스터마이징 정도 등을 종합하여 계약별 커스터마이즈된 요금을 책정하는 것입니다. 가령 어떤 제조기업은 공장 10곳에 팔란티어 파운드리를 설치하고 수천 명이 사용하게 대규모 배포를 할 수도 있고, 다른 금융 기업은 작은 팀이 특정 분석 목적에만 쓰는 제한적 사용을 할 수도 있습니다. 팔란티어는 이러한 차이에 맞게 규모에 따라 가격을 조정하고, 필요시 초기 도입비를 낮추는 대신 이후 사용량이 늘면 비용이 증가하는 계단식 요율을 적용하기도 합니다.

공식적인 정찰 가격표는 공개되어 있지 않지만, 아마존웹서비스AWS 마켓플레이스에 등록된 팔란티어 파운드리 상품 정보를 보면 계약 기간과 사용자 수에 따라 선불금과 연간 갱신료를 책정하는 방식임을 알 수 있습니다. 예를 들어 소수의 사용자를 위한 1년 계약은 비교적 낮은 가격으로 시작하지만, 수백 사용자에 다년 계약으로 규모가 커지면 총비용이 많이 늘어나는 구조입니다. 팔란티어 스스로도 '고객 맞춤형 과금'을 언급하고 있으며, 이는 일반 중소 SaaS처럼 일률적인 월정액 과금보다는 엔터프라이즈 소프트웨어식 개별 협상에 가까운 모델이라 할 수 있습니다.

이러한 구독 모델 전환의 하나로, 팔란티어는 중소 기술 기업들에도 손을 뻗치기 시작했습니다. '파운드리 포 빌더스Foundry for Builders'라는 프로그램이 그것으로, 스타트업과 신생 기업들이 팔란티어 파운드리를 저렴한 구독 형태로 사용할 수 있도록 지원하는 이니셔티브입니다. 2021년 7월에 발표된 이 프로그램을 통해 팔란티어는 초기에는 자사 출신 인원이 창업한 스타트업을 중심으로 파운드리를 제공했고, 이후 점차 일반 스타트업으로 범위를 넓혔습니다.

파운드리 포 빌더스는 팔란티어 입장에서는 미래의 유망 고객 풀을 확보하는 전략입니다. 일찍이 스타트업들이 팔란티어 플랫폼에 익숙해지면, 이들이 성장하여 큰 기업이 되었을 때 자연스럽게 팔란티어의 주요 고객이 될 수 있기 때문입니다. 또한 이 프로그램을 통해 팔란티어는 중견·중소기업용 클라우드 기반의 소프트웨어SaaS 시장에 대한 학습과 제품 적응을 시도하고 있습니다. 파운드리 포 빌더스에서 제공하는 파운드리는 팔란티어가 전적으로 호스팅/관리하는 완전 SaaS 형태로, 클라우드 호스팅부터 데이터 통합, 분석 툴까지 원스톱으로 제공되어 스타트업들이 인프라 걱정 없이 바로 데이터 활용에 집중하게 해줍니다. 이처럼 팔란티어는 기존에 주로 대기업·정부 대상이었던 사업 모델을 구독형 서비스화하고 고객 저변을 확대하는 변화를 꾀하고 있습니다.

한편, 정부 대 민간 고객별 계약 방식의 차이도 여전히 존재합니다. 정부 기관들은 보안과 맞춤 요구가 많아 지금도 온프레미스 설치 + 멀티이어 계약 방식이 일반적입니다. 예컨대 미군이나 정보기관은 팔란티어와 3~5년 장기 계약을 맺고, 사용 인원이나 기능 확장에 따라 수천만 달러 단위의 규모로 계약을 체결합니다. 이에 비해 민간 기업들은 클라우드 사용에 비교적 거부감이 적고 초기 투자 여력이 제한된 경우도 있어, 더 유연한 구독 옵션을 택하는 경향이 있습니다. 팔란티어는 대기업 고객에 대해서도 통상 2~3년 주기의 계약을 하지만, 민간에서의 협상은 정부보다 신속하고 조건 변경도 탄력적으로 대응하는 편입니다.

또한 정부 계약은 대개 정해진 예산 범위 내에서 선금 및 마일스톤별 지불 구조를 갖지만, 민간 계약은 성과 기반으로 사용량이 늘면 추가 요금이 부가되는 조항이나 해지 옵션 등이 포함되기도 합니다. 요약하면, 팔란티어의 수익 모델은 전반적으로 구독형 반복 매출 중심으로 이동하고 있으나, 정부 고객은 여전히 커스텀 프로젝트 요소가 크고 민간 고객은 SaaS에 가까운 형태로 진화하는 이원화된 접근을 보이고 있습니다.

팔란티어의 전체 수익 구조 및 전망

팔란티어의 전체 매출 규모는 2023년 기준 약 22억 달러로, 2019년 약 7억 달러 수준에서 불과 4년 만에 3배 이상 성장했습니다. 이 매출은 크게 정부 부문과 민간(상업) 부문으로 구성되는데, 2023년 현재 정부 부문이 약 55%(12억 달러), 민간 부문이 45%(10억 달러)를 차지하고 있습니다. 팔란티어의 정부 매출 비중은 2019년 46.5%에서 꾸준히 상승해 2021년에

58%까지 올라갔고, 이후 민간 부문의 고속 성장으로 2023년에 다시 55% 수준으로 내려온 상태입니다. 정부 매출은 2022년 대비 2023년에 14% 성장하며 안정적으로 증가했고, 민간 매출은 같은 기간 20% 성장하여 정부 부문보다 빠른 상승세를 보였습니다. 특히 미국을 중심으로 한 상업 고객 확대 덕분에 미국 상업 매출은 2024년 들어 분기당 50% 이상 증가하는 등 민간 부문이 본격적인 성장 국면에 접어들었습니다. 이러한 추세는 팔란티어가 당분간 정부 대 민간 매출 비중을 거의 50 대 50 수준으로 유지하거나, 장기적으로 민간 부분이 더 커지는 방향으로 나아갈 가능성을 시사합니다.

팔란티어의 수익성 또한 개선 추이를 보이고 있습니다. 오랜 기간 적자를 내왔던 팔란티어는 2023년을 첫 연간 흑자 전환 목표로 세웠고, 실제로 분기 기준으로 2023년부터 일반적으로 인정된 회계 원칙GAAP 기준 순이익을 달성하기 시작했습니다. 이는 매출 증가뿐만 아니라 비용 구조 최적화 노력에 힘입은 결과입니다. 팔란티어 경영진은 2022년 이후로 운영 효율화를 강조하며 불필요한 인력 충원을 억제하고, 직원들에게 지급하던 주식 보상비용SBC을 줄이는 등 비용 절감을 진행했습니다.

또한 팔란티어 플랫폼을 클라우드 친화적으로 개선하여 자체 클라우드 인프라 비용을 낮추고, 소프트웨어 배포 자동화(Apollo 등)를 통해 고객 지원에 드는 인건비도 절감하고 있습니다. 그 결과 2024년 들어 팔란티어의 조정 영업이익 이윤은 40%대까지 상승했고, 현금흐름도 꾸준히 개선되고 있습니다. 팔란티어는 앞으로도 지출 절제spend discipline 기조를 유지하면서 AI 분야의 전략적 투자 등 꼭 필요한 부분에만 자원을 투입하겠다고 밝히고 있습니다.

향후 성장 전략 측면에서, 팔란티어는 몇 가지 방향을 중점적으로 추진할 것으로 보입니다. 첫째, 클라우드 기반 사업의 지속 확대로 규모의 경제를 달성하는 것입니다. 이미 팔란티어 파운드리를 완전 SaaS로 제공할 수 있게 된 만큼, 더 많은 고객을 하나의 플랫폼으로 묶어 비용 효율을 높이고 이윤율을 개선할 수 있습니다. 팔란티어가 다수의 중간 규모 고객을 확보한다면, 과거처럼 고객마다 큰 인력을 투입하지 않고도 표준화된 솔루션 제공으로 수익을 낼 수 있을 것입니다.

둘째, AI 기능의 고도화와 자동화입니다. 2023년 팔란티어는 인공지능 플랫폼AIP을 출시하며 자사 소프트웨어에 대화형 AI와 거대언어모델LLM을 접목하기 시작했습니다. 이는 고객이 팔란티어 플랫폼 안에서 챗GPT와 유사한 자연어 질의응답이나 자동화된 의사 결정을 구현하게 하는 것으로, 기업들이 데이터를 보다 쉽게 활용하여 의사 결정 속도를 혁신할 잠재력이 있습니다. 팔란티어는 AI를 자사 제품에 녹여 고객이 더 적은 인력 개입으로 더 큰 가치를 창출하도록 지원함으로써, 제품 경쟁력 향상과 추가 매출 창출을 동시에 노리고 있습니다.

셋째, 산업별 맞춤 솔루션 개발입니다. 팔란티어는 그동안 축적한 경험을 바탕으로 금융 위험관리, 공급망 관리, 헬스케어 연구 등의 도메인별 모듈을 만들어 왔는데, 이를 더욱 발전시켜 해당 업계의 표준 플랫폼으로 자리매김하려 할 것입니다. 예컨대 '제조를 위한 팔란티어', '보험을 위한 팔란티어'처럼 분야 특화 패키지를 제공하면 영업 사이클 단축과 고객 확보에 유리할 수 있습니다.

마지막으로 팔란티어의 장기 비전은 '전 세계 기관들의 필수 데이터 운영체제'로 자리 잡는 것이라 할 수 있습니다. 알렉스 카프 팔란티어 CEO

는 종종 팔란티어를 기업의 운영체계^{OS}에 비유하는데, 그만큼 다양한 조직에서 팔란티어 플랫폼이 핵심 인프라로 쓰이기를 바라고 있습니다. 이를 위해 팔란티어는 정부와 상업 부문 모두에서 입지를 다지는 균형 전략을 지속할 것입니다. 국방·정부 영역에서는 기존 강점을 살려 인공지능 시대의 국가 안보 인프라로서 역할을 공고히 하고, 민간 영역에서는 경영 효율과 혁신을 이끄는 데이터 플랫폼으로서 영향력을 넓힐 것입니다. 투자자들은 팔란티어가 앞으로도 정부 계약을 안정적으로 유지하면서 동시에 상업 비즈니스를 얼마나 빠르게 확대하는지를 주시하고 있습니다. 향후 몇 년간 팔란티어의 매출 증가율은 한 자릿수 후반에서 두 자릿수 초반 정도로 완만한 상승이 예상되지만, 만약 AI 플랫폼^{AIP}의 성공이나 예기치 않은 대형 상업 계약이 성사된다면 성장 가속화도 가능할 것입니다. 수익 모델 측면에서는 구독 매출 비중을 더욱 높여 예측 가능한 매출 흐름을 만들고, 서비스 투입 대비 매출 비율을 개선하여 영업 이익률 증가에 집중할 것으로 전망됩니다.

결론적으로, 팔란티어 테크놀로지스의 비즈니스 모델은 초기 정부 특화 프로젝트형 모델에서 출발하여 점차 클라우드 기반의 구독형 소프트웨어 기업으로 변모해 가고 있습니다. 정부 사업에서 쌓은 안정성과 신뢰를 디딤돌로, 이제는 민간 기업들의 데이터 혁신 파트너로 자리매김하려 하고 있습니다. 라이선스 판매와 서비스 제공, SaaS 구독을 유기적으로 결합한 팔란티어의 수익 구조는 여전히 진화 과정에 있으며, AI 시대에 걸맞게 자동화되고 확장성 있는 모델로 발전할 가능성이 높습니다.

향후 팔란티어가 안정적 정부 매출 기반 위에 민간 부문의 폭발적 성장을 더해 간다면, 글로벌 데이터 플랫폼 선도 기업으로서 확고한 수익모델을 갖추게 될 것으로 기대됩니다. 물론 이를 위해서는 높은 가격과 경쟁사 도전에 대응하면서 고객들에게 지속적인 가치를 제공한다는 것을 입증해야 합니다. 앞으로 팔란티어의 행보에 많은 이들의 관심이 쏠리고 있습니다.

CHAPTER 7

과연 팔란티어는
경쟁자 없는
주도주가 될 것인가?

투자 전략과 재무 분석

주가 변동성, 장기 성장 가능성, 수익 모델 평가

주가 변동성 분석

IPO 이후 주가 흐름: 팔란티어 주가는 상장 이후 극심한 변동성을 보여 왔습니다. 상장 초기 약 10달러 수준이던 주가는 2021년 초 기술주 붐을 타고 사상 최고치 약 39달러까지 급등했으나, 이후 조정을 거쳐 2022년 말에는 최저 약 6달러까지 떨어졌습니다. 이러한 롤러코스터와 같은 흐름은 팔란티어 주식이 단기간에 큰 폭으로 오르고 내릴 수 있음을 보여줍니다. 예를 들어 2023년 한 해에만 주가가 167% 상승하여 같은 기간 나스닥 지수 상승률(약 +43%)을 크게 웃돌기도 했습니다.

시장 및 거시경제 요인: 팔란티어의 주가 변동에는 시장 전체의 분위기와 거시경제 요인도 큰 영향을 주었습니다. 2020~2021년에는 저금리와 유동성 확대로 인하여 성장주에 대한 선호가 높아지며 주가가 급등했습니다. 반대로 2022년에는 인플레이션 대응을 위한 금리 인상과 경기 둔화 우려로 고평가되었던 기술주들의 밸류에이션이 낮아졌고, 팔란티어도 이러한 거시경제 역풍 속에 주가가 크게 조정을 받았습니다. 금리가 오르면 미래 현금흐름의 현재 가치가 줄어들기에, 팔란티어처럼 성장 기대가 큰 기업의 주가에 특히 부정적으로 작용합니다.

- **주요 이벤트에 따른 주가 변동:** 팔란티어 주식은 개별 뉴스나 이벤트에도 민감하게 반응해 왔습니다.
- **정부 계약 소식:** 팔란티어는 미국 정부 및 군대와의 대형 계약 소식을 자주 발표했는데, 예를 들어 미 육군의 프로젝트 메이븐(Project Maven) 계약 연장(5년간 연 900만 달러 규모)이나 국방부 AI 계약(5년간 최대 4.8억 달러 규모) 등의 발표는 향후 안정적 매출 기대를 높여 주가에 긍정적으로 작용했습니다. 또한 미 육군과의 TITAN 프로젝트(1.78억 달러 규모) 수주 소식 등도 투자자들의 관심을 끌었습니다. 이처럼 굵직한 계약 체결 소식은 회사의 성장성을 부각시켜 단기적으로 주가 상승을 이끌었습니다.
- **신규 제품 출시:** 2023년에는 팔란티어가 자사의 인공지능 플랫폼 AIP(Artificial Intelligence Platform) 출시를 발표하며 AI 분야 주도권을 강조했고, 이는 AI 테마와 맞물려 투자 심리를 크게 자극했습니다. 실제로 2023년 팔란티어 주가의 급등(연간 +167%)에는 생성형 AI에 대한 기대감이 주요 동력으로 작용했는데, AIP 출시는 이러한 기대감을 한층 높여주었습니다. AIP를 통해 팔란티어는 자사 소프트웨어에 대화형 인공지능(거대언어모델, LLM)을 결합해 고객이 자연어로 데이터에 질의하고 조치할 수 있게 했는데, 이러한 혁신 발표는 기업 가치

향상으로 이어졌습니다.

- **실적 발표:** 분기 실적은 팔란티어 주가의 중요한 촉매제였습니다. 예를 들어 2023년 초에는 처음으로 일반적으로 인정된 회계 원칙(GAAP) 기준 흑자 전환(Q4 2022 순이익 달성) 소식을 알리며 주가가 큰 폭으로 상승했습니다. 반면 2021년 초에는 IPO 후 첫 실적 발표에서 매출이 시장 기대에 못 미쳤다는 이유로 주가가 하락한 바 있습니다. 어닝 서프라이즈가 오면 주가가 급등하고, 기대에 못 미치면 급락하는 패턴이 반복되었는데, 2025년 초에도 블록버스터급 실적 발표 후 주가가 시간외거래에서 22% 폭등하는 등 큰 반응을 보였습니다. 이처럼 실적 발표일 전후의 변동성이 매우 크므로 투자자는 실적 발표 내용을 주의 깊게 살펴볼 필요가 있습니다.

- **그 외 이슈:** 팔란티어는 2021년 초 보호예수(Lock-up) 기간 만료로 초기 투자자와 임직원 보유주식의 대량 매도가 가능해지자 주가가 며칠간 하락한 적 있습니다. 실제로 2021년 2월 보호예수 해제로 전체 주식의 80%에 달하는 약 18억 주가 시장에 출회 가능해지면서 주가가 단기간 16% 이상 급락했고, 이런 급락장은 레딧(Reddit) 등 개인투자자 커뮤니티 월스트리트 베츠(WallStreetBets)에서 '저가 매수' 열풍을 일으키기도 했습니다. 이처럼 기업 내부 요인(지분 잠금 해제, 임원 매도 등)과 외부 요인(온라인 여론)도 주가에 영향을 주었습니다.

기관 vs. 개인 투자자 패턴: 팔란티어 주식은 개인 투자자들과 기관 투자자들 모두 많은 관심을 가진 종목입니다. 상장 초기부터 팔란티어는 레딧의 월스트리트베츠 포럼 등에서 밈 주식으로 떠오르며 개인들의 뜨거운 토론 대상이 되었고, 한때 게임스탑GameStop을 제치고 해당 커뮤니티에서 언급량 1위를 기록하기도 했습니다. 개인 투자자들은 팔란티어의 장기 성장 스토리와 혁신성에 매료되어 적극 매수에 나섰고, 주가 급등락 시 적극적인 단타 거래도 이루어졌습니다.

기관 투자자의 경우, 대표적으로 캐시 우드Cathie Wood의 아크인베스트ARK Invest(이하 ARK)가 팔란티어 초기에 큰 비중으로 투자했는데, 2021~2022년에 ARK 펀드가 팔란티어 주식을 꾸준히 매입하며 주가 지지 역할을 했습니다. 이후 주가가 크게 오른 2023~2024년에는 ARK가 일부 차익 실현에 나서기도 했는데, 실제로 2024년 하반기부터 ARK는 팔란티어 보유량을 서서히 줄여 2025년에도 추가 매도를 단행했습니다. ARK의 매도 소식이 알려지자 하루 만에 주가가 5% 이상 하락하는 등, 큰 손의 매매 동향이 단기 주가에 영향을 주었습니다. 이처럼 기관은 목표 수익 실현과 포트폴리오 조정에 따라 매매 패턴을 보이고, 개인은 미래 성장 기대에 비교적 장기 보유하거나 이슈에 따라 단기매매를 하는 양상이 나타났습니다.

변동성과 위험 요인: 전반적으로 팔란티어 주식은 변동성이 매우 높아 위험도가 큰 편입니다. 시장 평균 변동성을 나타내는 베타Beta 값이 팔란티어는 약 2 수준으로 알려져 있는데, 이는 시장 변동의 두 배 정도로 주가가 움직일 수 있다는 의미입니다. 실제로 팔란티어 주식은 최근 1년간 5% 이상 일일 변동을 보인 날이 20여 차례가 넘을 정도로 가격 등락폭이 컸습니다(일반 대형주의 변동성에 비해 상당히 높습니다). 이러한 변동성의 배경에는 앞서 언급한 높은 밸류에이션에 대한 시장의 민감한 반응, 실적 및 뉴스에 대한 즉각적인 기대와 실망 등이 있습니다. 초심자 입장에서는 큰 변동 = 큰 위험을 뜻하므로, 팔란티어처럼 등락이 심한 주식은 투자 전

에 이러한 특성을 충분히 이해해야 합니다. 단기적으로는 급등락을 이용한 차익 기회가 있지만, 자칫하면 급락기에 큰 손실을 볼 위험도 있으므로 신중한 접근과 분산 투자가 요구됩니다.

장기 성장 가능성 평가

비즈니스 모델 개요: 팔란티어는 빅데이터 분석 플랫폼을 제공하는 소프트웨어 회사입니다. 정부 기관을 위한 고담 플랫폼과 기업 고객을 위한 파운드리 플랫폼이 대표 제품이며, 고객의 방대한 데이터를 통합하고 분석하여 의사 결정에 활용할 수 있는 인사이트를 제공합니다. 팔란티어의 비즈니스 모델은 단순히 소프트웨어 라이선스를 판매하는 것을 넘어, 고객 데이터에 맞춤형으로 소프트웨어를 구성하고 컨설팅을 병행하는 형태를 띠었습니다. 초창기에는 매출의 대부분을 미국 정부 및 군사 기관으로부터 얻었지만, 최근에는 민간 기업 부문으로도 영역을 확장하고 있습니다. 이러한 정부 + 민간 이원화된 모델은 팔란티어의 성장 잠재력을 논할 때 중요한 요소입니다.

정부 부문 성장 전망: 팔란티어는 미국 정부, 방위산업, 정보기관과의 오랜 협업을 통해 독보적인 사례를 쌓아왔습니다. 예를 들어 미군의 정보 분석, CIA 및 FBI의 테러 방지, 질병통제센터CDC의 코로나19 추적 등 국가적 프로젝트에 참여하며 기술력을 인정받았습니다. 정부 부문 매출은 안정적이지만 한편으로 프로젝트 단위로 변동될 수 있습니다. 실제로 팔란티어 매출의 약 60%는 정부 기관에서 발생하고 있으며, 정부 예산 집행 시기나 계약 갱신 여부에 따라 매출 성장률이 들쭉날쭉한 경향이 있습니다. 2021년까지 정부 매출이 빠르게 증가했으나, 2022년에는 일부 대형 계약의 일시적 공백으로 성장세가 주춤했던 사례가 있었습니다. 회사 측도 정부 매출의 타이밍 불균형이 한때 성장률 둔화 요인이었음을 인정했습니다. 그럼에도 불구하고 국방·정보 분야의 데이터 수요 증가와 미국 및 우방국 정부와의 긴밀한 파트너십을 감안할 때, 정부 부문은 앞으로도 꾸준한 성장세를 이어갈 것으로 전망됩니다(완만하지만 탄탄한 기반 시장). 또한 다년 계약이 많아 예측 가능성이 높고, 팔란티어의 높은 보안성과 신뢰도로 인해 기존 계약의 재계약률도 높게 유지될 가능성이 큽니다.

민간 부문 성장 전망: 팔란티어의 상업(민간) 부문은 성장 잠재력이 더욱 큰 영역입니다. 과거 팔란티어는 주로 대형 금융기관, 제조업체 등을 위주로 소수 기업 고객을 상대했지만, 최근엔 산업별로 고객층을 다변화하고 있습니다. 예를 들어 헬스케어, 에너지, 제조, 자동차 기업들이 팔란티어의 파운드리 플랫폼을 도입하여 데이터 주도 경영을 추진하고 있습니다. 팔란티어 상업 부문 매출은 매년 두 자릿수의 높은 성장률을 보이고 있으며, 2023년에는 전년 대비 20% 증가하여 약 10억 달러를 달성했습니다. 전체 매출에서 차지하는 비중도 45% 수준까지 높아져 정부 매출(55%)과의 격차를 빠르게 줄이고 있습니다. 특히 미국 내 상업 매출이 매우 가파르게 성장하고 있는데, 2023년 미국 상업 부문은 전년 대비 50% 이상 성장하여 팔란티어 전체 성장을 견인했습니다.

팔란티어 경영진은 민간 사업이 향후 10년간 핵심 성장 동력이 될 것으로 보고 집중 투자하고 있습니다. 다만 해외 상업 시장에서는 아직 미국만큼의 성장 가속이 나타나지 않고 있는데, 이것은 각 지역 기업의 디지털 전환 속도 차이와 팔란티어의 해외 시장 개척이 이제 시작 단계인 점이 반영된 것으로 보입니다. 향후 팔란티어가 글로벌 기업 고객 기반을 늘리고, 서비스 제공 방식을 더 대중화(예: 중견기업까지 포섭)할 수 있다면 민간 부문의 성장 여력은 매우 큽니다.

글로벌 데이터 분석 및 AI 시장 성장: 팔란티어가 속한 데이터 분석 및 인공지능 소프트웨어 시장 자체가 향후 폭발적인 성장이 예상되는 분야입니다. 시장조사업체IDC에 따르면 AI 플랫폼 시장은 2028년까지 연평균 40% 성장하여 규모가 1,530억 달러에 이를 것으로 전망됩니다. 기업과 정부 모두 데이터에서 의사 결정 인사이트를 얻고 업무를 자동화하려는 수요가 급증하고 있어, 팔란티어의 서비스에 대한 전체 시장 규모TAM가 계속 커지고 있는 셈입니다. 특히 생성형 AI(챗GPT 등)가 등장하면서 데이터를 단순히 분석하는 것을 넘어 자연어로 묻고 답하며 조처를 취하는 단계로 진화하고 있는데, 팔란티어는 이러한 트렌드에 발맞춰 자사 플랫폼에 LLM 기술을 통합(AIP 출시)하여 경쟁력을 높였습니다. 예컨대 팔란티어 AIP를 도입한 은행은 직원이 "의심 거래가 발견되면 자동으로 계정 동결하라"는 식의 명령을 자연어로 시스템에 지시할 수 있고, 시스템은 방대한 데이터와 AI 모델을 활용해 이를 실행합니다.

이처럼 팔란티어는 AI 시대의 데이터 활용 방식을 선도하고 있어, 시장 성장의 수혜를 입을 가능성이 높습니다. 실제로 IDC는 팔란티어를 '의사 결정 인텔리전' 분야 세계 1위 업체로 평가했고, 포레스터 리서치는 팔란티어를 AI/머신 러닝ML 플랫폼 부문 리더로 선정하며 팔란티어 AIP의 완성도를 구글, 아마존, 마이크로소프트의 유사 제품보다 높게 점수를 매겼습니다. 한 애널리스트는 "팔란티어와 같은 제품을 가진 회사는 없다."라며 AIP의 독보성을 언급하기도 했습니다. 요약하면, 시장의 파이 자체가 커지고 있고 팔란티어는 그 파이에서 상당한 지위를 차지하고 있기 때문에 장기 성장 기회가 크다고 볼 수 있습니다.

경쟁사 비교(스노우플레이크, IBM, 마이크로소프트, 데이터브릭스 등): 팔란티어를 평가할 때 주요 경쟁사 및 대체 솔루션과의 차별점을 짚어보는 것이 중요합니다.

- **스노우플레이크:** 클라우드 데이터웨어하우스 분야의 선두 주자인 스노우플레이크는 기업들이 데이터를 저장하고 구조적 데이터 쿼리 언어인 SQL로 분석할 수 있게 해주는 플랫폼을 제공합니다. 한마디로 데이터 인프라에 초점을 맞추고 있죠. 반면 팔란티어는 데이터 분석 응용에 초점을 둡니다. 팔란티어의 소프트웨어는 데이터를 단순 저장/처리하는 것을 넘어, 실제 비즈니스 문제 해결에 필요한 모델과 애플리케이션 레이어까지 제공하고, 고객 맞춤 설정을 도와줍니다. 또한 팔란티어는 보안이 중요한 데이터(정부 정보 등)를 통합하고 분석하는 데 강점이 있어서, 민감한 데이터를 클라우드에 올리기 꺼리는 고객에게도 솔루션을 제공할 수 있습니다. 재무적으로 보면, 팔란티어는 2023년에 일반적으로 인정된 회계 원칙(GAAP) 기준 흑자 전환에 성공한 반면, 스노우플레이크는 아직도 GAAP 순손실을 내고 있어 수익성 면에서 팔란티어가 앞서 있습니다. 다만 매출 성장률 측면에서는 과거 몇 년간 스노우플레이크가 팔란티어보다 훨씬 높았고(스노우플레이크 연 100% 성장 vs. 팔란티어 연 20~40%대 성장), 두

회사 모두 최근 들어 성장세가 둔화되었다는 공통점이 있습니다. 요약하자면, 스노우플레이크는 데이터 플랫폼 툴 제공업체, 팔란티어는 데이터 활용 종합솔루션 제공업체로 성격이 다르며, 팔란티어가 수익성 면에서 한발 앞선 대신 스노우플레이크는 순수 SaaS 모델로서 확장성 측면의 강점이 있습니다.

- **IBM, 마이크로소프트:** IBM과 MS는 방대한 제품 포트폴리오를 가진 IT 공룡들로, 빅데이터/AI 영역에도 다양한 솔루션을 보유하고 있습니다. IBM의 왓슨(Watson)이나 마이크로소프트의 애저 AI/Azure 데이터 서비스 등은 팔란티어가 경쟁해야 하는 간접적 경쟁 제품이라 할 수 있습니다. 그러나 IBM이나 MS의 솔루션은 고객이 스스로 구성하고 개발해야 할 요소가 많다는 점에서 팔란티어와 차이가 있습니다. 팔란티어는 "한 번 설치하면 바로 활용 가능한 완제품에 가까운 플랫폼"을 지향하기 때문에, 전문 인력이나 개발팀이 부족한 조직도 팔란티어를 도입해 빠르게 효과를 볼 수 있습니다.

또한 팔란티어는 필요하면 자체 엔지니어를 파견해 고객 맞춤 대시보드나 모델을 만들어 주는 등 서비스적 성격이 강한 반면, 마이크로소프트나 IBM은 도구를 제공할 뿐 각 고객 업무에 맞춤 지원을 하지 않습니다. 이런 서비스 + 제품의 하이브리드 모델은 팔란티어의 차별점이지만, 동시에 인력 투입이 필요해 확장에 한계가 될 수도 있습니다. 다행히 팔란티어는 최근 소프트웨어의 범용성을 높여 고객별 추가 작업을 최소화하려 하고 있으며, AI 분야에서 민첩하고 특화된 솔루션을 제공하여 거대 기업들과 차별화를 꾀하고 있습니다. 예컨대 포레스터 평가에서 팔란티어 AIP는 MS나 구글의 AI 플랫폼보다 완성도가 높다고 언급되었고, 이는 팔란티어가 거대 경쟁자들보다도 특정 영역에서는 앞서 있다는 것을 보여줍니다.

- **데이터브릭스:** 오픈소스 기반 데이터 레이크 및 AI 플랫폼으로, 데이터 사이언

티스트와 엔지니어들이 대규모 데이터를 분석하고 머신러닝 모델을 개발하는 데 널리 쓰입니다. 팔란티어와 비교하면 데이터브릭스는 전문 개발자 중심 도구에 가깝고, 팔란티어는 현업 사용자가 쓸 수 있는 완성형 플랫폼에 가깝습니다. 쉽게 말해, 데이터브릭스는 '좋은 공구', 팔란티어는 '완성된 제품'에 비유할 수 있습니다. 팔란티어는 데이터브릭스 같은 툴과도 연동할 수 있어, 이미 가진 데이터 인프라를 유지하면서 팔란티어를 위에 얹어 사용하는 것도 가능합니다. 경쟁 구도라기보다 보완적 관계인 측면도 있는 것입니다. 그러나 기업 예산은 한정되어 있고, 데이터 관련 투자에서 팔란티어 예산 대 기타 솔루션 예산이 경쟁할 수밖에 없으므로, 넓게 보면 경쟁사 중 하나로 고려해야 합니다. 현재 데이터브릭스는 비상장사이지만 높은 성장을 보이고 있고, 팔란티어보다 더 많은 데이터 과학 커뮤니티의 지지를 받고 있습니다. 팔란티어는 사용자층 확대 면에서 데이터브릭스의 접근성을 참고할 필요가 있습니다.

AIP 및 SaaS 전환의 영향: 팔란티어의 미래 성장에는 신규 인공지능 플랫폼 AIP와 비즈니스 모델의 SaaS화(서비스형 소프트웨어화)가 중요한 역할을 할 것입니다. 앞서 언급했듯 2023년에 출시된 AIP^{Artificial Intelligence Platform}는 팔란티어 플랫폼에 대화형 AI 기능을 추가한 것으로, 고객이 자연어로 질문하거나 지시를 내려 데이터를 활용할 수 있게 해줍니다. 이 기능은 기업들이 AI를 일선 현장에서 쉽게 활용하도록 도와 팔란티어 소프트웨어의 가치를 높여줍니다. 실제로 AIP 출시는 팔란티어의 상업 부문 매출 가속화로 이어졌다는 분석이 있는데, AIP 도입 이후 2023년 미국 상업 매출 성장률이 이전보다 크게 뛰었다는 보고도 있습니다. 또한 팔란티어는 AIP를 별도 라이선스나 서비스 형태로 판매하여 추가적인 매출원으로 삼고 있습니다. 요컨대 AIP는 기존 고객의 업셀링up-selling 수단이자 신규 고객을 끌어들이는 킬러 앱으로 작용하여 장기 성장에 기여할 전망입니다.

한편, 팔란티어는 과거 온프레미스 대형 계약 위주의 사업에서 벗어나 클라우드 기반의 구독형 사업 모델, 일종의 SaaS 모델로 전환을 꾀하고 있습니다. 예를 들어 팔란티어는 파운드리 콘크리트 같은 프로그램을 통해 중소 규모 고객도 비교적 저렴한 월 사용료를 내고 팔란티어 플랫폼 일부를 활용할 수 있는 방안을 모색했습니다. 또한 아폴로라는 배포 솔루션을 통해 팔란티어 소프트웨어를 클라우드 상에서 지속적으로 업데이트 · 운영할 수 있게 하여, 일회성 설치가 아닌 지속 구독 서비스가 가능하도록 인프라를 마련했습니다. 이러한 SaaS 전환은 팔란티어에게 두 가지 이점을 줍니다. 첫째, 고객의 진입장벽을 낮춰 더 많은 기업을 고객으로 확보할 수 있습니다(초기 대규모 투자 없이도 이용 가능). 둘째, 연간 반복 매출 Recurring Revenue을 늘려 장기적으로 매출의 예측 가능성과 이익률을 높일 수 있습니다. 다만 완전한 SaaS 기업처럼 되기에는 팔란티어가 해결해야 할 과제(제품 표준화, 셀프서비스 구현 등)도 남아 있습니다. 전환에 성공한다면 팔란티어의 성장률과 수익성 모두 개선되는 호재가 될 것이며, 반대로 전환이 더딜 경우 기존의 고비용 구조가 지속되어 성장성 대비 낮은 수익성 문제가 이어질 수 있습니다. 현재까지는 팔란티어가 점진적으로 구독 모델 비중을 확대하고 있으며, 이는 투자자들에게 긍정적인 시그널로 받아들여지고 있습니다.

수익 모델 평가 및 재무 분석

매출 성장률과 주요 수익원: 팔란티어는 지난 몇 년간 견고한 매출 성장을 보여주었지만, 성장률은 점차 둔화되는 추세입니다. 연도별로 살펴보면 2020년 매출은 전년 대비 +47%, 2021년 +40%로 고속 성장했으나, 2022년에는 +24%로 성장률이 낮아졌고 2023년에는 +17% 증가에 그쳤습니다. 이처럼 성장률 둔화는 투자자들에게 우려를 줬고, 실제로 2022년 팔란티어 주가 약세의 한 요인이 되었습니다. 회사 측은 당시 성장 둔화에 대해 일부 대형 정부 계약의 매출 인식 시기가 지연되었고, 거시경제 여건으로 기업 지출이 보수적이었던 것을 원인으로 들었습니다. 2024년부터는 미국 상업 부문의 급성장과 정부 사업의 안정화로 다시 18~20% 수준의 성장률 회복을 기대하고 있으며, 애널리스트들은 2023~2026년 팔란티어 매출의 연평균 20% 내외 성장을 전망하고 있습니다. 이는 초기의 폭발적 성장과 비교하면 낮지만, 여전히 시장 평균을 웃도는 준수한 성장세입니다.

팔란티어의 주요 수익원은 크게 정부 부문 매출과 민간(상업) 부문 매출로 나뉩니다. 앞서 언급했듯 현재는 정부 매출 약 55%, 상업 매출 45% 정도의 구성으로, 정부 쪽이 아직 약간 더 큽니다. 정부 매출은 미국 연방 및 연방 하위 기관(국방, 정보, 행정 등)과 연합국 정부, 방산업체 등과의 계약에서 발생합니다. 계약별 규모가 크고 기간이 긴 편이라서 한 건의 계약이 매출에 큰 영향을 주기도 하지만, 대체로 안정적인 장기 매출이 특징입니다. 상업 매출은 다양한 산업의 기업 고객으로부터 나오며, 소프트웨어 구독료, 클라우드 호스팅 수수료, 전문 서비스(컨설팅) 수익 등으로 구성됩니다. 팔란티어는 신규 고객을 유치하면 초기에는 구축 서비스 수익이 발생하고, 사용이 정착되면 연간 라이선스/구독 수익으로 이어지는 구조입니다. 최근에는 구독형 클라우드 서비스 비중이 늘면서 초기에 작은 규모로 시작해도 쓰임새가 늘면 사용량과 매출이 증가하는 전략 수립과 확장 형태로 수익 패턴을 보이고 있습니다.

팔란티어 경영진은 기존 고객의 추가 매출up-selling에 상당히 주력하고 있으며, 실제로 기존 고객의 평균 지출이 매년 20% 이상 늘어나고 있다고 밝혔습니다(2023년 기존 고객당 지출 20% 증가). 이는 팔란티어의 고객 락인 효과가 크다는 의미이며, 한 번 도입한 고객이 해마다 더 많은 돈을 쓰도록 만들고 있음을 보여줍니다.

영업이익과 비용 구조: 팔란티어는 소프트웨어만큼 매출총이익률Gross Margin이 매우 높습니다(70~80%대 수준으로 추정). 그러나 영업이익은 한때 큰 폭의 적자였고, 최근에 이르러서야 흑자로 전환되었습니다. 적자의 주요 원인은 바로 높은 비용 구조 때문인데, 특히 연구개발R&D과 주식보상 비용SBC, Stock-Based Compensation이 큽니다. 팔란티어는 매출의 30% 이상을 R&D에 투입할 정도로 기술 개발에 아낌없이 투자했고, 인재 확보를 위해 직원들에게 많은 스톡옵션과 주식으로 보상하였습니다. 이 주식보상 비용은 회계상 비용으로 잡히는데, 2021년의 경우 SBC만 7억 달러 이상 발생하여 그해 순손실을 기록하기도 했습니다. 다행히 매출이 커지면서 비용 대비 수입이 개선되어, 조정 영업이익률(주식 보상 등을 제외한)은 2021년 +31%, 2022년 +22%를 기록하며 흑자 기조를 보였습니다. 그리고 마침내 2023년에 GAAP 기준 순이익 흑자 달성에 성공했는데, 2022년 4분기에 처음으로 GAAP 순이익 3,100만 달러(주당 0.01달러)을 기록한 후 2023년 내내 매 분기 흑자를 이어갔습니다. 2023년 연간으로도 순이익을 거둠으로써, 팔란티어는 사실상 이익을 내는 회사로 전환한 것입니다. 영업이익률은 아직 한 자릿수에 불과하지만(GAAP 영업이익률 2023년 약 4%), 향후 규모의 경제 실현과 비용률 감소로 크게 개선될 여지가 있습니다. 특히 클라우드 비용 최적화, 일반관리비 효율화 등이 진행되고 있어서, 매출 증가 시 이익 증가 폭이 더 커지는 레버리지 효과가 예상됩니다. 애널리스트들은 팔란티어의 GAAP 이익이 2024년에 70% 이상 증가하고 이후 몇 년간 연평균 50% 가까이 성장할 것으로 내다보고 있는데, 이는 영업이익률이 점차 높아진다는 뜻이기도 합니다. 요약하면, 현재까지의 이익률은 낮지만 빠르게 개선되는 추세이며, 이는 투자에 있어 긍정적인 신호입니다.

현금흐름과 재무 건전성: 팔란티어는 매출 대비 현금흐름 창출 능력이 우수한 편입니다. 소프트웨어 특성상 매출원가가 낮아 영업현금흐름은 일찍부터 플러스였고, 2021년에는 약 4억 달러의 잉여현금흐름FCF을 기록하기도 했습니다. 2022년에는 일시적으로 FCF가 약 1.8억 달러로 줄었으나, 2023년에는 대형 고객선수금 유입과 비용 관리로 FCF가 다시 늘어난 것으로 추정됩니다. 팔란티어의 재무 상태는 매우 건전합니다. 무차입 경영을 이어오고 있어 장기부채가 거의 없고, 영업 활동과 기존 자산에서 발생한 현금 보유액이 상당합니다. 2022년 말 기준 현금 및 현금성 자산은 약 26억 달러였고 2023년 말에는 약 36억 달러로 증가했습니다. 또 가장 최근 분기인 2024년 4분기 실적 발표에 따르면 현금 및 현금등가물 보유액이 52억 달러에 달하고 부채는 전무한 것으로 나타났습니다. 이는 팔란티어가 어떠한 불확실성에도 버틸 수 있는 자금 여력이 있음을 의미합니다. 풍부한 현금은 연구개발 지속, 인수합병 기회 활용, 혹은 자사주 매입 등의 전략적 선택지를 제공합니다. 실제로 팔란티어는 2023년에 최대 10억 달러 규모의 자사주 매입을 발표하기도 했는데, 이는 주가가 지나치게 저평가되어 있다고 판단할 경우 주주가치 제고를 위해 실행될 수 있습니다. 결론적으로, 팔란티어의 재무 건전성은 높은 편이며 유동성 위험이 낮아 투자 안전판 역할을 합니다.

구독 모델의 수익성 영향: 팔란티어는 전통적으로 대규모 계약형 매출이 주를 이뤘지만, 점차 구독subscription 모델을 확대하고 있습니다. 구독 모델에서는 고객이 매년(또는 매월) 정기적으로 사용료를 내기 때문에, 회사로서는 안정적이고 예측 가능한 매출 흐름을 확보할 수 있습니다. 또한 소프트웨어를 구독 형태로 제공하면 추가 판매 비용 없이도 고객 사용량 증가에 따라 매출이 증가하는 경향이 있습니다. 팔란티어의 구독 매출 비중이 늘어나면 장기적인 수익성 개선에 도움이 될 것으로 기대됩니다. 왜냐하면 구독 모델에서는 고객생애가치LTV, Life Time Value가 길고, 한 번 획득한 고객에서 오랫동안 매출이 나오므로 신규 고객 획득당 비용CAC, Cost of Customer Acquisition이 상대적으로 절감되는 효과가 있습니다. 팔란티어는 이미 소프트웨어 업데이트나 유지·보수에 드는 비용을 효율화하기 위해 아폴로 플랫폼을 활용하고 있어, 고객이 늘어나도 비용이 크게 늘지 않는 구조를 갖춰가고 있습니다. 이는 규모가 커질수록 이익률이 높아지는 SaaS 특유의 경제구조로의 전환을 뜻합니다.

다만, 여전히 팔란티어 매출에는 일회성 컨설팅/서비스 수익 비중이 일부 있는데, 이런 부분은 인력이 직접 투입되므로 마진이 낮습니다. 앞으로 표준화된 제품 판매 비중 vs. 커스텀 서비스 비중의 변화에 따라 수익성이 좌우될 것입니다. 긍정적인 신호는 팔란티어의 신규 계약 구조가 예전보다 모듈화되고 반복적인 라이선스 형태로 바뀌고 있다는 점입니다. 이는 시간이 지날수록 구독성 매출의 이익률이 전체 수익률을 끌어올릴 것임을 시사합니다.

정부 계약 vs. 민간 사업의 수익성: 팔란티어가 영위하는 정부 사업과 상업 사업은 수익성 특성이 약간 다를 수 있습니다. 공개된 세부 수치는 없지만, 다음 두 가지로 추측할 수 있습니다.

- 정부 부문은 일반적으로 대규모 커스터마이징 프로젝트를 수반하는 경우가 많습니다. 초기 구축 단계에서 팔란티어 인력이 투입되고 고객별 요구 사항에 맞게 시스템을 설정해야 하기 때문에, 프로젝트 초기 마진은 낮을 수 있습니다. 그러나 한 번 구축한 시스템이 여러 부서나 기관으로 확대되면 추가 매출이 발생하고, 유지·보수 단계에서는 상대적으로 적은 인력으로도 지속 과금을 할 수 있어 수익성이 올라갑니다. 또한 정부 계약은 안정적이라 연장/갱신 가능성이 높아 장기적으로 평탄한 현금흐름을 만듭니다. 다만 입찰 경쟁이 있는 경우 가격 압박이 있거나 계약이 종료될 위험이 있으며, 정부 예산 삭감 등의 외부 요인으로 영향받을 수 있다는 리스크가 있습니다.
- 상업 부문은 초기에는 고객 획득 비용이 들어가서 마케팅/세일즈 비용 비중이 높습니다. 하지만 제품이 표준화될수록 고객에게 드는 지원 노력이 줄고, 대신 여러 고객에게 동일한 소프트웨어를 배포할 수 있어 규모 효과가 큽니다. 특히

팔란티어가 추구하는 완성형 플랫폼이 기업들 사이에 입소문이 나고 파트너사를 통한 판매 채널이 확보되면, 고속 성장과 높은 마진을 동시 달성할 수 있습니다. 현재 상업 부문의 영업이익률은 투자 단계라 낮을 수 있지만, 장기적으로 정부 부문보다 더 높은 마진 사업으로 발전할 잠재력이 있습니다. 또, 팔란티어가 민간 기업 지분투자와 협업(SPAC 투자 등)을 통해 고객사를 늘리는 전략도 병행했는데, 이는 미래에 지분가치 상승이나 전략적 매출 확보로 이어질 수 있는 복합적 수익 모델입니다. 물론 이러한 전략이 잘못될 경우 손실 위험도 있습니다(일부 투자한 SPAC 기업들의 성과 부진 사례가 있음).

현금 보유와 재무 안정성 평가: 앞서 언급한 대로 팔란티어는 상당한 현금을 보유하고 있고 부채가 거의 없는 매우 견실한 재무구조를 지니고 있습니다. 이는 몇 가지 측면에서 투자자에게 긍정적입니다. 첫째, 파산 위험이 거의 없으므로 최악의 경우에도 원금을 모두 잃을 확률이 낮습니다. 둘째, 외부 자금 조달 없이도 내부 자원으로 성장 투자를 할 수 있어 지분 희석이나 이자 부담 없이 사업을 키울 수 있습니다. 셋째, 혹시 경기 침체나 일시적 적자가 나더라도 충분한 현금 쿠션이 있어 버틸 수 있습니다. 2024년 기준 팔란티어의 현금은 연간 매출의 두 배가 넘는 수준이며, 이는 설사 몇 년간 적자를 봐도 사업 지속이 가능함을 뜻합니다. 또한 팔란티어 경영진은 보수적인 회계 운영을 강조했으며, 남은 현금을 단기 국채 등에 투자해 이자 수익을 얻는 등 현금을 효율적으로 관리하고 있습니다. 이런 재무적 안정성은 팔란티어 주식의 리스크를 낮춰주는 요소로, 성장주지만 재무 불안으로 인한 급락 가능성은 상대적으로 적다고 볼 수 있습니다.

미래 수익 모델 변화 가능성: 기술 업계의 특성상 팔란티어의 수익 모델도 향후 진화할 수 있습니다. 한 가지 가능성은 제품 라이선스의 세분화입니다. 예를 들어 현재는 팔란티어 플랫폼을 포괄적으로 판매하지만, 향후 특정 산업용 모듈(예: 금융 범죄 탐지 솔루션, 공급망 최적화 솔루션 등)로 별도 패키징하여 플러그 앤 플레이형 제품을 판매할 수 있습니다. 이렇게 되면 팔란티어는 소프트웨어 제품 기업으로서 추가적인 라이선스 수입을 얻을 수 있습니다.

또 다른 방향은 플랫폼 마켓플레이스화입니다. 팔란티어 파운드리 위에 서드파티 개발자나 파트너 기업이 애플리케이션을 올리고, 팔란티어는 플랫폼 수수료를 취하는 모델도 구상할 수 있습니다. 이는 현재 클라우드 업체들이 취하는 전략과 비슷한데, 그렇게 되면 팔란티어 생태계가 확장되어 네트워크 효과와 함께 고수익 수수료 사업이 될 수 있습니다.

또한 인공지능 플랫폼 AIP에서 API 서비스 형태로 핵심 기능을 떼어내 사용량 기반 과금(호출 횟수당 과금)을 하는 식으로 사용량 기반 모델을 도입할 수도 있습니다. 특히 팔란티어 AI 플랫폼 AIP에서 거대언어모델LLM 접속 기능 등을 API로 제공하면 개발자나 중소기업도 팔란티어의 일부 기능을 사용할 수 있고, 이는 볼륨은 크지만 단가가 낮은 대중 시장을 열어줄 수 있습니다. 이러한 변화들이 현실화된다면, 팔란티어의 수익 구조는 지금보다 더 다양화되고 안정화될 것입니다. 반대로, 만약 기존의 맞춤 컨설팅 형태에서 크게 벗어나지 못한다면 수익 모델상의 한계(높은 마진의 대규모 고객에 지나치게 의존하는 구조)가 지속될 위험도 있습니다. 현재까지 지표를 보면 팔란티어는 꾸준히 소프트웨어 구독/라이선스 매출 비중을 높이고, 고객 수를 늘리는 방향으로 움직이고 있어 긍정적으로 평가할 수 있습니다. 2023년 말 기준 팔란티어 고객 수는 2021년에 비해 2배 이상 증가한 711개로 늘어났고, 이는 수익 모델이 소수 거대 계약에 치중된 상황에서 벗어나 분산되고 있음을 보여주는 지표입니다.

투자 전략

투자 리스크 요인: 팔란티어에 투자할 때 유의해야 할 위험 요소는 몇 가지가 있습니다.

- **높은 주가 변동성:** 앞서 자세히 설명했듯 팔란티어 주식은 가격 등락폭이 크기 때문에 단기적으로 큰 손실 위험을 항상 염두에 두어야 합니다. 특히 시장 변동이나 기술주 투자심리 변화에 민감하여, 전체 시장이 하락할 때 팔란티어는 그 이상으로 하락할 수 있습니다.
- **성장 둔화 가능성:** 팔란티어의 매출 성장률이 한때 40% 이상이었으나 최근 15~20%대로 떨어졌습니다. 성장이 정체되거나 목표치를 밑돌 경우 성장주로서의 매력이 훼손되어 주가가 크게 하락할 수 있습니다. 예컨대 신규 계약 부진이나 기존 고객 이탈 등이 발생하면 시장 실망으로 이어질 수 있습니다.
- **치열한 경쟁:** 데이터 분석 및 AI 시장은 매력적이어서 많은 기업이 뛰어들고 있습니다. 팔란티어보다 규모가 큰 기술 공룡들의 진입, 혹은 혁신 스타트업의 등장으로 경쟁 심화가 일어나면, 팔란티어의 시장 점유 기회가 줄어들 수 있습니다. 팔란티어만의 기술적 우위가 줄어들거나 대체재가 생긴다면 성장성에 타격을 입을 수 있습니다.
- **정부 정책 및 예산 리스크:** 정부 매출 의존도가 높으므로, 정부 예산 삭감이나

정책 변화에 노출되어 있습니다. 예를 들어 국방 예산 감축, 혹은 정권 교체로 인한 IT 투자 우선순위 변경 등이 생기면 관련 매출이 감소할 수 있습니다. 또한 팔란티어가 관여한 정부 프로젝트가 논란이 될 경우(예: 개인정보 이슈) 평판 리스크가 생길 수도 있습니다.

• **주식 희석 및 지배 구조:** 팔란티어는 직원들에게 주식 보상으로 많은 지분을 부여했고, IPO 이후에도 추가 주식 발행(예: 직원 스톡옵션 행사)으로 주식 수가 늘어나 희석화 우려가 있습니다. 주식 수가 늘면 기존 주주가치가 약간씩 감소하므로, 시장에서는 이에 민감할 수 있습니다. 또한 창업자 피터 틸과 CEO 알렉스 카프 등 주요 창업자들이 보유한 클래스 F 주식은 최소한의 지분 보유 비율만 충족하면 전체 의결권의 49.999999%를 보장받는 구조로 되어있습니다. 이런 차등의결권 구조는 경영진이 장기 비전을 밀어붙이는 데 유리하지만, 동시에 외부 주주의 견제가 어렵다는 지적도 있습니다.

• **기술 변화 속도:** 기술 업계 특성상 신기술의 출현과 패러다임 변화가 빠릅니다. 팔란티어가 현재로선 AI 트렌드에 잘 올라타 있지만, 미래에 새로운 혁신(전혀 다른 형태의 데이터 처리 기술)이 나오면 적응해야 합니다. 기술적 유연성 부족이나 변화 대응 실패는 기업 존속에 위험이 될 수 있습니다.

• **핵심 인력 위험:** 팔란티어의 창업자 겸 CEO인 알렉스 카프 등 핵심 인물의 영향력이 큽니다. 이들이 회사를 떠나거나 경영을 잘못하게 되면 기업 문화와 모멘텀에 악영향이 있을 수 있습니다. 특히 팔란티어는 독특한 기업 문화와 장기 비전을 가진 회사로 유명한데, 이를 이끌던 인물이 바뀌면 내부 혼란이 발생할 가능성도 있습니다.

투자 기회 요인: 반대로 팔란티어에는 다른 기업에는 없는 매력적인 기

회 요인도 존재합니다.

- **독보적 시장 지위:** 팔란티어는 정부/국방 분야의 데이터 플랫폼으로서는 타사가 쉽게 따라올 수 없는 지위를 구축했습니다. 이 높은 진입장벽과 신뢰 자본은 정부 디지털 분야 지출이 늘어날 때 고스란히 팔란티어의 기회로 연결될 수 있습니다. 마치 '정부 전문 소프트웨어 업체'라는 브랜드 파워가 생긴 것이죠.

- **AI 시대의 수혜주:** 현재 전 산업에서 생성형 AI 도입이 화두인데, 팔란티어는 이를 실제 현장에 적용하는 플랫폼(AIP)을 선제적으로 내놓았습니다. AI를 활용하려는 기업들은 팔란티어 같은 검증된 플랫폼을 찾게 될 가능성이 높습니다. 특히 각 기업이 일일이 AI 시스템을 만드는 것보다 팔란티어 솔루션을 쓰는 것이 빠를 수 있어 수요의 증가가 예상됩니다. 'AI 플랫폼 리더'라는 이미지를 선점했다는 점은 향후 대규모 계약 또는 고객 폭증의 기회가 될 수 있습니다.

- **민간 부문 폭발적 성장 잠재력:** 팔란티어의 상업 고객은 아직 수백 개 수준으로, 전 세계 수십만 잠재 고객에 비하면 극히 일부입니다. 이는 전체 시장 규모(TAM)이 아주 크다는 뜻이며, 세일즈 채널 확장이나 파트너십을 통해 민간 고객을 대폭 늘릴 경우 매출 고성장 재개가 가능합니다. 과거에 정부 중심으로 성장했다면, 앞으로는 민간 시장 개척으로 두 번째 도약할 여력이 있습니다.

- **탄탄한 재무 기반으로 전략적 투자 가능:** 팔란티어는 많은 현금을 보유하고 있어 불황기에도 연구개발 투자를 이어갈 수 있고, 필요한 경우 유망 기업 인수를 통해 성장 동력을 확보할 수도 있습니다. 예컨대 팔란티어가 특정 분야(의료, 물류 등)에 약한데 해당 분야 AI 스타트업을 인수하면 빠르게 솔루션을 보강할 수 있습니다. 재무에 여력이 있기 때문에 이러한 성장 옵션들을 가능하게 해줍니다.

• **장기적 산업 추세:** 전 세계적으로 데이터 기반 의사 결정과 디지털 전환은 거스를 수 없는 큰 흐름입니다. 기업과 정부 모두 앞으로 더 많은 데이터를 축적하게 될 것이고, 규제가 허용하는 한 최대한 데이터를 활용하려 할 것입니다. 이러한 환경에서 팔란티어의 역할은 더욱 중요해질 것입니다. 국방/안보 불안정성이 커지는 것도 팔란티어에 기회인데, 각국 정부가 안보/첩보 역량 강화를 위해 팔란티어 같은 첨단 소프트웨어에 투자할 가능성이 높기 때문입니다. 요컨대, 산업의 장기 방향성이 팔란티어가 하는 비즈니스와 일치한다는 점이 큰 강점입니다.

단기 투자 전략(트레이딩): 팔란티어 주식의 높은 변동성을 활용해 단기 차익 거래를 노리는 전략도 고려할 수 있습니다. 변동성이 크다는 것은 짧은 기간에도 주가가 크게 움직이므로 매매 차익 기회가 자주 온다는 뜻입니다. 단기 투자자는 보통 다음과 같은 전략을 사용할 수 있습니다:

• **뉴스 트레이딩:** 팔란티어 관련 호재 뉴스 발표 직전에 매수해두었다가 발표 후 주가가 급등하면 파는 방식입니다. 예를 들어 대형 계약이나 실적 서프라이즈가 예상되는 경우 선반영이 덜 되었을 때 미리 매수해 두는 것이죠. 다만 이 전략은 예상과 다르게 나올 위험(실적 실망 등)도 커서 경험이 필요합니다.
• **모멘텀 트레이딩:** 팔란티어처럼 인기 있는 기술주는 한 번 상승 추세를 타면 며칠간 계속해서 급등하거나, 하락 추세면 연속 급락하는 경향이 있습니다. 이런 추세에 편승해 단기 매매하는 것입니다. 예를 들어 주가가 중요한 저항선을 돌파하고 거래량이 실리는 시점에 매수하여 며칠 보유 후 차익 실현하거나, 반대로 악재로 급락할 때 단기 공매도(혹은 레버리지 인버스 상품 활용)로 수익을

낼 수도 있습니다.

- **테크니컬 매매:** 차트상 지지선과 저항선을 활용해 매매 시점을 포착하는 방법입니다. 팔란티어 주식은 역사적으로 특정 가격대에서 매수세/매도세가 강했던 구간이 존재하므로(예: 과거 고점이었던 20달러 대 초반은 이후 저항선으로 작용), 그런 구간을 참고해 싸게 느껴지는 구간에서 매수, 고점 구간에서 매도하는 것입니다. 초보 투자자라면 복잡한 기술적 지표보다는 가격대별 거래량이나 심리적 가격대 등을 참고하는 것이 접근하기 쉽습니다.

- **유동성 이벤트 활용:** 팔란티어처럼 실적발표일, 락업만료일, 지수편입일 등 특별 이벤트 때 거래량이 폭증하고 가격이 크게 움직입니다. 이러한 이벤트 전후로 단기 변동성이 커지므로, 이벤트 전 기대감에 매수/이벤트 후 뉴스 소멸에 매도 혹은 그 반대 전략을 구사할 수 있습니다. 예를 들어 2025년 2월의 깜짝 실적 발표 후 주가가 급등했을 때 일부 단기 차익 실현을 하는 식입니다.

단기 전략을 사용할 때 유념해야 할 것은 손절매 계획입니다. 팔란티어 주식은 방향성이 갑자기 바뀔 수 있어서, 예상과 다른 움직임이 보이면 손실을 제한하는 것이 중요합니다. 예를 들어 7~8% 하락 시 자동 손절매를 건다든지 하는 방식을 통해 큰 손실을 방지해야 합니다. 또한, 무리한 레버리지 투자는 지양하는 것이 좋습니다. 변동성이 이미 높기 때문에 레버리지를 쓰면 위험이 기하급수적으로 커질 수 있습니다.

장기 투자 전략(가치 투자): 팔란티어에 대한 장기적 신뢰가 있고 회사의 성장 스토리를 믿는다면, 긴 안목으로 투자하는 전략을 고려할 수 있습니다. 장기 투자자는 단기 변동에 연연하기보다 기초 체력과 성장 추이를 보면서 보유를 이어가는 접근을 취합니다.

- **성장주 장기 보유:** 팔란티어를 미래의 대형 소프트웨어 기업으로 보고 초기 단계에 투자하여 수년간 보유하는 전략입니다. 이는 일종의 성장주 발굴 전략으로, 현재 높은 밸류에이션이지만, 향후 이익 성장을 기대하며 인내심을 갖고 기다리는 것입니다. 과거 아마존이나 테슬라 등에 초기 투자한 사람들이 큰 수익을 거두었듯, 팔란티어 역시 10년 후 지금보다 훨씬 더 큰 기업이 될 것이라 믿는다면 이러한 접근이 가능합니다. 다만, 기업의 펀더멘털이 그 믿음대로 개선되고 있는지 정기적으로 점검하는 것이 중요합니다. 분기별 실적과 연간 고객 증가 추이, 기술 개발 현황 등을 팔로업하면서 투자 논리가 훼손되지 않았는지 확인해야 합니다.
- **평균 매입 단가 조정:** 팔란티어처럼 변동성이 큰 주식은 적립식 분할 매수(DCA, Dollar Cost Averaging) 전략이 유효할 수 있습니다. 한 번에 큰 금액을 투자하기보다 기간을 나누어 정기적으로 투자함으로써 매입 단가를 평준화하는 것이죠. 예를 들어 매달 일정 금액씩 팔란티어 주식을 사들여 평균 매수 가격을 맞춰 놓으면, 단기 급등락에 따른 타이밍 리스크를 줄일 수 있습니다. 장기적으로 주가가 우상향한다면 DCA 전략으로 상당한 수익을 얻을 수 있습니다.
- **핵심 포트폴리오로 편입:** 팔란티어를 장기 성장 포트폴리오의 핵심 종목 중 하나로 편입하는 방법도 있습니다. 예컨대 AI와 데이터 분야의 유망주들을 묶어 장기 보유 포트폴리오를 만든다면, 팔란티어는 그중 고위험-고수익 역할을 하는 종목이 될 수 있습니다. 이 경우 팔란티어 비중은 포트폴리오 내에서 본인이 감내할 수 있는 수준(예: 5~10%)으로 정하고, 나머지는 비교적 안정적인 자산으로 구성하면 균형 잡힌 장기 투자가 가능합니다.

- **기업 가치 대비 저평가 시 추가매수**: 장기 투자자는 단기 주가가 과도하게 떨어져 저평가 영역에 들어왔다고 판단되면 과감히 추가 매수하여 보유량을 늘리는 것도 고려합니다. 팔란티어의 적정 가치를 스스로 산출해 보고(미래 현금흐름 할인법으로 몇 년 뒤 가치를 계산), 현재 주가가 그에 비해 크게 낮다면 매수 기회로 삼는 것입니다. 예를 들어, 한때 팔란티어 주가가 6달러까지 떨어졌을 때는 매출 대비 시가총액 비율(PSR)이 과거 대비 크게 낮아진 시점이었는데, 이를 과매도 구간으로 보고 추가 매수한 투자자들은 이후 주가 상승의 이익을 얻었습니다.

적정 매수 시점과 가격 분석: 변동성이 크고 성장주인 팔란티어는 적정 매수 시점을 잡기가 쉽진 않습니다. 하지만 몇 가지 고려할 점은 있습니다.

- **밸류에이션 부담 완화 시점**: 팔란티어는 주가가 급등하면 매출이나 이익 대비 매우 높은 밸류에이션이 되는 경우가 있습니다. 예를 들어 2021년 초 주가 35달러 이상일 때는 PSR(주가매출비율)이 40배에 육박하여 지나친 미래 가치를 선반영한 수준이었습니다. 반면 2022년 말 주가 6달러일 때는 PSR이 8배 수준으로 내려와 동종 성장주 평균과 비슷하거나 낮은 수준이었습니다. 이처럼 시장의 기대가 너무 앞서 나갔을 때보다는, 기대감이 낮아져 밸류에이션이 합리적일 때 매수하는 것이 좋습니다. 따라서 급등 직후보다는 조정 국면에서 분할 매수하는 전략이 유효합니다.
- **기술적 지지선**: 팔란티어 주가는 과거 몇 차례 큰 저점과 고점을 형성한 바 있는데, 이러한 가격대가 심리적 지지/저항선으로 작용하곤 했습니다. 예를 들어 20달러 부근은 과거 고점이 여러 번 몰린 구간으로 나중에 저항으로 작용했고,

10달러 이하 가격대는 투자자들의 심리적 바닥으로 인식되어 매수세가 강해진 적이 있습니다. 따라서 주가가 한 자릿수 달러대로 떨어지는 등 역사적 저점 부근에 근접하면 비교적 안전마진을 확보한 매수로 볼 수 있습니다. 반대로 주가가 단기간 두세 배 뛰어 기존 최고가를 넘어서며 과열 신호가 보이면, 그때는 신규 매수를 피하고 오히려 차익 실현을 고민해야 할 구간일 수 있습니다.

- 펀더멘털 전환 시점: 기업의 펀더멘털 개선 징후가 보일 때 매수하는 것도 한 방법입니다. 팔란티어의 경우 2023년 초 일반적으로 인정된 회계 원칙(GAAP) 첫 흑자 전환 소식이 있었고, 이는 비즈니스 모델이 성숙 단계로 접어들었음을 의미하는 중요한 전환점이었습니다. 이러한 흑자 전환, 대형 계약 수주, 고객 수 급증 등의 모멘텀이 확인되는 시점에 매수를 하면 비교적 안심하고 장기 보유할 명분이 생깁니다. 물론 그로 인해 주가가 일부 상승한 후일 수 있지만, 높아진 실적 기반이 뒷받침되므로 하방 경직성이 생깁니다.

- 분할 매수/분할 매도: 정확한 바닥과 꼭대기를 맞추기는 불가능에 가깝기 때문에, 여러 번에 나눠 매수하고 목표 수익에 도달하면 여러 번에 나눠 매도함으로써 평균 단가를 맞추는 게 현실적인 전략입니다. 예를 들어 15달러, 12달러, 10달러 이렇게 세 구간으로 나눠 매수 주문을 걸어두고, 향후 20달러, 25달러, 30달러 구간에서 세 차례 매도하는 식으로 계획을 세울 수 있습니다. 이렇게 하면 특정 가격 예측이 틀리더라도 중간값에 거래가 이뤄져 리스크를 완화할 수 있습니다.

장기 보유 시 고려할 리스크: 팔란티어를 오랫동안 보유하려는 투자자는 앞서 언급한 기본 리스크들 외에 몇 가지 추가로 염두에 둘 사항이 있습니다.

- **희석 위험 지속:** 팔란티어는 성장 단계에서 인재 유치와 보상을 위해 지속적으로 신규 주식 발행(주식 기준 보상 SBC 등)을 할 가능성이 있습니다. 이는 주식 수를 늘려 1주당 가치 희석을 초래하므로, 주식 수 증가율과 EPS(주당순이익) 증가율을 함께 살펴서 EPS가 기대만큼 오르지 않으면 경계해야 합니다.

- **배당 없음:** 팔란티어는 배당을 지급하지 않는 성장주입니다. 따라서 오로지 주가 상승에 의한 차익만 기대해야 합니다. 장기 보유 시에도 현금배당으로 인한 현금흐름 수익이 없으므로, 기회비용을 고려해야 합니다. 같은 기간 배당주나 채권 등에서 얻을 수 있는 수익과 비교해 팔란티어의 미래 주가 상승 여력이 더 크다고 생각되어야 장기 보유의 정당성이 생깁니다.

- **업종 변동 및 투자 심리:** 기술주와 AI에 대한 시장의 선호는 주기적 사이클을 탈 수 있습니다. 어떤 시기에는 시장이 AI 관련주에 열광했다가도, 다른 시기에는 전통 산업 가치주로 로테이션이 일어날 수 있습니다. 팔란티어는 전형적인 AI 성장주이므로, 시장 스타일 변화에 따른 소외 가능성도 있습니다. 장기 투자자는 이런 심리적 부침을 견딜 정신적 준비가 필요합니다.

- **매출 집중도:** 팔란티어의 고객 기반이 늘어나고 있다 해도, 여전히 상위 몇몇 고객이 차지하는 매출 비중이 높을 수 있습니다. 가령 미국 방위 관련 계약 몇 개만 합쳐도 전체 매출의 상당 부분을 차지합니다. 특정 단일 계약이나 고객 상실 시 충격이 클 수 있는 집중도 위험은 완화되고 있지만, 완전히 해소된 것은 아니므로 지속 모니터링이 필요합니다. 이상 징후가 보일 경우 포트폴리오에서 비중을 줄이는 등 조치도 고려해야 합니다.

- **ESG 및 평판:** 팔란티어는 개인정보 보호 단체나 시민단체로부터 프라이버시 침해 논란 등의 비판을 받은 적이 있고, 정부와 협력하는 기업이라는 특성상 정치적 리스크도 약간 있습니다. 예를 들어 팔란티어가 이민세관단속국(ICE)

의 불법 이민자 추적에 소프트웨어를 제공한 일로 비판적 여론이 일었던 적이 있습니다. 현재 이러한 이슈가 주가에 직접적인 영향은 없지만, 장기적으로 ESG(환경·사회·지배구조)를 중시하는 투자자들이 기피할 가능성이 있습니다. 이는 수급 측면 리스크로 작용할 수 있으므로 투자자는 팔란티어의 윤리경영 방향도 관심 있게 지켜보는 것이 좋습니다.

정리하면, 팔란티어 테크놀로지스는 혁신적인 빅데이터/AI 기업으로서 큰 성장 잠재력과 함께 높은 변동성을 지닌 투자 대상입니다. 단기적으로는 주가 등락이 심해 트레이딩 기회와 리스크가 공존하고, 장기적으로는 AI 시대의 핵심 플레이어로 도약할 가능성을 지니고 있습니다. 초심자라면 우선 작은 비중으로 투자하여 팔란티어 주식의 움직임과 기업 소식을 꾸준히 확인하는 것도 방법입니다. 무엇보다 중요한 것은 이 기업의 비즈니스 모델을 이해하고, 자신만의 투자 원칙을 지키는 것입니다. 팔란티어의 기술과 재무 상태, 시장 위치를 종합했을 때, 높은 위험을 감수할 수 있는 투자자에게 매력적인 성장주임은 분명합니다. 반대로 안정적인 수익을 원하는 투자자에게는 부적합할 수 있으므로, 개인의 투자 성향에 맞는 전략으로 접근하길 권장합니다. 팔란티어에 대한 이 깊이 있는 분석이 투자 판단에 도움이 되었기를 바랍니다.

CHAPTER 8

위협과 위기는
어떻게
돌파할 것인가?

팔란티어를 둘러싼 논란과 윤리 문제
감시 사회 논란, 정부와의 관계, 데이터 프라이버시

팔란티어 테크놀로지스는 거대한 데이터를 분석하는 소프트웨어를 개발하는 기업으로, 정부 기관과 기업에 정보를 제공하고 있습니다. 그러나 이러한 기술력이 감시 사회 강화, 정부와의 밀착 관계, 데이터 프라이버시 침해 등 여러 측면에서 논란과 윤리적 우려를 불러일으켰습니다. 아래에서는 초심자도 이해할 수 있도록 팔란티어를 둘러싼 주요 논란과 그 배경을 상세히 설명합니다.

감시 사회 논란

팔란티어의 데이터 통합 분석 기술은 한편으로는 범죄 예방이나 국가 안보에 도움을 줄 수 있지만, 다른 한편으로는 정부와 경찰이 시민을 광범위하게 감시할 수 있는 수단을 제공하여 빅브라더의 감시 사회를 강화할 수 있다는 우려가 있습니다. 팔란티어 소프트웨어 고담 등은 서로 다른 데이터베이스의 방대한 정보를 한곳에 모아 연관성을 분석해 주는데, 이러한 기능이 남용될 경우 개인의 모든 행동과 관계망이 정부의 감시망에 포착될 수 있기 때문입니다.

팔란티어 기술의 실제 활용 사례:

- **로스앤젤레스 경찰(LAPD):** 2011년 LAPD는 팔란티어가 개발한 소프트웨어를 활용한 LASER 범죄 예측 프로그램을 도입했습니다. 이 시스템은 과거 범죄 전력, 소셜 미디어 활동, 차량 번호판 정보 등 다양한 데이터를 결합해 시민들에게 '상습범 지수(chronic offender score)'를 부여하고, 점수가 높은 인물을 중점 감시 대상으로 삼았습니다. 해당 프로그램은 연방 정부 지원으로 운영되었지만 2019년 효과 미비와 편향 논란으로 중단되었습니다. 내부 평가 결과 LASER가 기존의 편파적 치안 패턴을 강화하여 특정 인종(흑인 · 라틴계) 밀집 지역을 과잉 순찰하는 부작용을 낳았다는 지적이 제기되었기 때문입니다. 이 사례는 데이터에 기반한 예측 감시 활동(policing)이 자칫하면 기존의 편견을 답습해 시민의 자유를 침해할 수 있음을 보여줍니다.
- **뉴올리언스 경찰(NOPD):** 팔란티어는 2012년부터 뉴올리언스 NOPD와 비밀 계약을 맺고 범죄 예측 파일럿 프로그램을 시행했습니다. 팔란티어 소프트웨어는 갱단 연루 관계, 범죄 이력, 소셜 미디어 자료 등 여러 데이터를 종합 분석하여 특정 개인이 폭력 범죄를 저지를 가능성을 예측했습니다. 이 파트너십은 2018년까지 세 차례 연장되었지만, 시의회조차 이 프로그램의 존재를 몰랐을 정도로 극비리에 진행되었습니다. 팔란티어의 예측 모델은 소셜 네트워크 분석

(SNA)을 통해 사람, 장소, 차량, 무기, 주소, 온라인 게시물 등 원래 각각 존재하던 데이터를 연결하여 약 3,900명의 잠재 범죄자 및 피해자 목록을 산출했고, 경찰은 이들을 대상으로 특별 관리 및 범죄 예방 조처를 했습니다. 이러한 은밀한 감시 프로그램은 주민 동의나 투명성 없이 이루어져 사생활 침해 논란을 불렀습니다. 실제로 비평가들은 "미국 남부 주민들은 프라이버시를 중시하기 때문에 이 프로그램이 공개되었다면 큰 분노를 일으켰을 것"이라며, 당국이 여론의 반발을 우려해 비밀 유지에 힘쓴 것으로 보고 있습니다.

- 미국 이민세관단속국(ICE): 팔란티어 기술은 이민자 추적과 단속 분야에서도 활용되고 있습니다. ICE는 팔란티어의 데이터 통합 플랫폼을 사용해 이민자들의 개인정보, 범죄 기록, 가족 및 지인 관계, 위치 정보 등을 한데 모아 대규모 단속 작전을 기획했습니다. 그 결과 기존에는 불가능했던 대규모 추방 작전의 실행이 가능해졌으며, 일례로 팔란티어 소프트웨어는 ICE가 전국적인 불법 이민자 급습을 시행하는 데 핵심 도구 역할을 했습니다. 팔란티어와 ICE의 수백만 달러 규모 계약은 가족 분리와 강제 추방 같은 인권 침해적 정책을 기술적으로 지원했다는 비판을 받고 있습니다. 실제로 2017년 ICE가 부모나 보호자가 없는 이민 아동들의 부모를 색출·체포하거나, 2019년 미시시피 대규모 작업장 급습을 단행해 수백 명을 구금·추방하는 과정에 팔란티어의 ICM 및 팰컨(FALCON) 소프트웨어가 사용된 것으로 드러났습니다. 이러한 사례들 때문에 국제앰네스티(Amnesty International) 등 인권 단체들은 "팔란티어가 ICE와의 계약에서 인권 존중에 대한 실사를 소홀히 하고 있으며, 그 기술이 망명 신청자와 이주민의 인권 침해에 기여할 높은 위험성이 있다."라고 강하게 비판했습니다. 국제 엠네스티에서는 팔란티어가 "해외의 독재 정권과는 협력하지 않겠다면서 정작 미국 내에서는 이민자 탄압 정책에 직간접적으로 관여"하고 있

다고 지적하며, 팔란티어를 "이윤을 위해 사람보다 돈을 우선시하는" 또 하나의 기업이라고 규탄했습니다.

- **영국 및 기타 국가**: 팔란티어의 감시 기술 활용은 미국에만 국한되지 않습니다. 영국에서는 런던 경찰 등 치안 기관에서 팔란티어 소프트웨어 도입을 검토하거나 테러 용의자 추적에 활용한 사례가 있고, 영국 정부는 팔란티어를 코로나19 보건 데이터 플랫폼(NHSX 코로나19 데이터 분석) 구축에 활용하여 시민단체의 반발을 사기도 했습니다. 이처럼 팔란티어는 유럽연합 경찰기관(Europol), 프랑스 정보기관, 덴마크 국립 경찰, 독일 주(州) 경찰 등과도 협력 관계를 맺고 전 세계로 감시 기술을 수출하고 있습니다. 세계의 많은 정부가 팔란티어의 기술을 범죄와의 전쟁, 테러 대응 등에 활용하고 있지만, 이에 따라 전 사회가 광범위한 데이터 감시망에 놓일 수 있다는 우려의 목소리가 국제적으로 커지고 있습니다.

보안 vs. 자유에 대한 찬반 논쟁: 팔란티어를 활용한 이러한 감시 시스템에 대해 치안 강화 측면과 시민 자유 침해 측면에서 논쟁이 벌어지고 있습니다. 지지하는 측은 "데이터 분석을 통해 범죄와 테러를 사전에 차단하고 수사 효율을 높일 수 있다"라고 주장합니다. 실제로 팔란티어 소프트웨어는 독일 헤센주 경찰이 2022년 적발한 극우 쿠데타 모의 사건 수사에 활용되어, 방대한 데이터 속에서 단서를 찾아내 조직범죄를 분쇄하는 데 기여하기도 했습니다. 이처럼 정부 당국자들은 "미래의 경찰 업무는 엄청난 양의 데이터를 효율적으로 다뤄야 한다."라고 강조하며, 팔란티어 같은 첨단 도구가 공공안전 확보에 필수라고 옹호합니다. 반면 비판하는 측은 이러한 데이터 대량 감시가 민주사회에서 허용되는 프라이버시 권리를 침해하고, 죄가 입증되지 않은 사람들까지 잠재적 범죄자 취급할 위험이 있다고 지적합니다. 독일 시민권 협회GFF는 팔란티어 같은 소프트웨어가 "죄 없는 사람들의 데이터까지 끌어모아 무분별한 용의 선상에 올릴 수있고, 알고리즘 오류로 인해 특정 집단이 차별적 피해를 볼 우려가 있다."라고 경고했습니다. 이러한 우려로 실제 몇몇 지역에서는 기술 사용에 제동이 걸리기도 했습니다. 로스앤젤레스 경찰의 LASER 프로그램 중단이나, 독일 연방법원이 팔란티어 기반 예측 분석의 위헌성을 지적하며 사용제한을 판결한 것이 그 예입니다. 요컨대 팔란티어 기술은 공공안전 대 개인 자유라는 오래된 쟁점을 최첨단 데이터 시대에 다시 부각시키고 있습니다.

정부와의 관계

팔란티어는 태생부터 미국 정부, 특히 정보기관과 밀접한 관계를 맺어온 기업입니다. 2003년 설립된 팔란티어는 일찍이 CIA의 벤처투자 조직 인큐텔로부터 투자를 받아 성장했는데, 이 때문에 종종 'CIA가 키운 회사'로 불리기도 합니다. 실제로 팔란티어의 주요 고객은 CIA, FBI, 국토안보부DHS와 같은 미국 정부 기관입니다. 이 회사의 대표 플랫폼 고담은 테러 용의자 추적, 전쟁터 정보 분석, 사이버 보안 등 여러 국방·정보 분야 프로젝트에 활용되고 있습니다. 미국 군대가 전장에서 폭발물 위협을 분석하거나, 정보기관이 테러 조직의 자금 흐름을 추적하는 등의 임무에 팔란티어의 소프트웨어가 사용된 사례가 보고되었습니다. 요컨대 팔란티어는 미국 국가 안보 인프라의 한 축을 담당하고 있을 정도로 정부 의존적입니다.

팔란티어가 정부 프로젝트에 참여하는 방식은 주로 소프트웨어 계약 형식입니다. 정부 기관이 필요로 하는 데이터 분석 플랫폼을 팔란티어가 납품하거나 맞춤 제작해 주고, 일정 기간 라이선스 비용이나 서비스 요금을 받는 구조입니다. 예컨대 팔란티어는 미 국방부와 수억 달러 규모 계약을 맺어 육군 정보 분석 시스템을 공급하거나, DHS 산하 이민세관단속국ICE과 계약을 맺어 이민자 데이터를 관리하는 시스템을 제공하는 식입니다. 이러한 정부 수주 사업은 팔란티어 매출의 상당 부분을 차지하며, 2020년대 초 상장 당시에도 절반 이상 매출이 정부 계약에서 나오는 것으로 알려졌습니다. 한 보고서는 팔란티어가 창사 이래 적자를 내면서도 미 연방정부 계약과 보조금에 의존해 연명했다고 지적하기도 했습니다. 다시 말해, 팔란티어의 비즈니스 모델은 정부에 뿌리 깊게 의존하고 있고, 이는 이윤 창출과 공공 역할이 맞물린 독특한 형태입니다.

정부 계약의 윤리적 논란: 팔란티어의 이러한 정부 밀착형 사업 모델은 여러 윤리적 딜레마를 낳았습니다.

첫째, 팔란티어 기술이 활용되는 많은 정부 사업이 국민의 기본권과 충돌하는 성격을 띤다는 점입니다. 앞서 설명한 대로 이민자 단속, 대량 감시, 군사 작전 등은 자칫 인권 침해로 이어질 수 있는 민감한 분야입니다. 팔란티어는 "법을 준수하는 고객(정부)에게 도구만 제공할 뿐, 데이터 사용 통제는 고객 책임"이라고 주장하지만, 기술을 제공한 기업 역시 그 사회적 결과에서 자유롭지 않다는 반론이 나옵니다. 특히 팔란티어 같은 민간 기업이 전쟁이나 치안 활동에 적극 참여하는 것은 "기업이 살상이나 탄압에 일조해서는 안 된다."라는 기술 윤리 원칙에 어긋난다는 지적이 있습니다. 예를 들어 2018년 구글 직원들이 군사용 AI 프로젝트 참여를 거부하며 윤리 논쟁이 일었듯이, 팔란티어도 자사 직원들의 ICE 계약 반대 항의가 있었고 외부에서도 비판의 목소리가 높았습니다. 국제앰네스티를 비롯한 단체들은 팔란티어가 "미국 내에서 인권을 침해하는 정부 정책에 협력하면서, 대외적으로는 윤리를 운운한다."라고 꼬집으며, 회사가 이윤을 위해 윤리적 책임을 희생하고 있다고 비난했습니다.

둘째, 팔란티어의 해외 정부와의 협력도 윤리 논란을 불러일으켰습니다. 팔란티어는 영국, 독일, 프랑스, 호주 등 미국 동맹국들의 정부 기관과도 다수의 계약을 맺었습니다. 예컨대 영국 국가보건서비스NHS는 코로나19 데이터 대응을 위해 팔란티어의 플랫폼을 도입했는데, 민감한 의료정보를 미국 기업이 관리한다는 사실이 알려져 영국 시민단체의 거센 반발에 부딪쳤습니다. 독일 헤센주와 함부르크주는 경찰에 팔란티어 소프트웨어인 헤센데이터Hessendata를 도입하려 했으나, 연방법원에서 헌법상 개인정보 자기결정권 침해 소지가 크다며 제동을 건 바 있습니다. 독일 최고법은 팔란티어 기술이 "특정 위협이 없는 상태에서도 과도하게 광범위한 데이터 분석을 가능하게 한다."라고 지적하며 사용을 제한했는데, 이는 민주국가에서 개인정보 보호를 위해 해외 기업 기술 도입을 규제한 대표 사례로 꼽힙니다. 팔란티어는 "자사는 단지 소프트웨어만 제공할 뿐 데이터를 보유하지 않으며, 각국의 법률을 준수한다."라는 견해를 밝혔습니다.

그러나 유럽 각국의 시민사회는 팔란티어 같은 미국 기업에 자국민의 방대한 정보를 맡기는 현실에 불안을 표출하고 있습니다. 팔란티어가 미 정보기관과 깊이 연관된 만큼, 유럽인 정보가 팔란티어 시스템에 들어가는 순간 미국 법FISA에 따라 미 정보당국이 접근할 위험도 있다는 지적이

나옵니다. 요컨대 해외 정부와의 협력은 팔란티어에 새로운 시장을 열어주었지만, 데이터 주권과 동맹국 국민의 프라이버시라는 민감한 문제를 동반했습니다.

셋째, 팔란티어의 정부 의존적 구조 자체에 대한 우려입니다. 기업으로서는 거대 정부 계약을 따내야 성장과 이익이 보장되지만, 이는 곧 정부의 요구에 회사가 종속될 위험을 의미합니다. 만약 어떤 정부 정책이 부당하거나 비윤리적일 때, 팔란티어가 계약을 유지하기 위해 이를 눈감아줄 수 있다는 것입니다. 앞서 ICE 사례에서 보았듯, 팔란티어는 거래 종료를 우려해서라도 정부의 논란이 있는 정책에 협조할 유인이 있습니다. 이러한 상황에서 기업 윤리와 책임을 기대하기 어렵다는 비평이 나옵니다. 다시 말해, '기술은 중립'이라는 명분 뒤에 숨어 팔란티어가 사회적 책임을 회피할 수 있다는 것입니다. 결과적으로 팔란티어와 정부의 밀착 관계는 기술기업의 역할과 책임에 대한 근본적인 질문을 제기합니다. 기술이 공공의 이익에 사용되더라도 그 절차와 방식이 투명하고 윤리적이어야 한다는 요구가 커지고 있으며, 팔란티어는 향후 이런 요구에 어떻게 부응할지 과제로 남아있습니다.

데이터 프라이버시 논란

팔란티어를 둘러싼 또 다른 큰 논란은 개인정보 보호(프라이버시) 문제입니다. 팔란티어의 소프트웨어는 여러 출처의 데이터를 수집하고 연결 · 분석하는 데 탁월한데, 이 과정에서 개인과 기업의 민감한 정보가 대량으로 다뤄집니다. 예를 들어 팔란티어 고담 플랫폼을 경찰이 사용하면, 범죄 기록, 차량번호판 인식 데이터, CCTV 영상, 소셜미디어 글, 금융거래 내역 등 온갖 형태의 개인정보를 한 화면에서 통합 조회하고 분석할 수 있게 됩니다. 기업용 플랫폼 파운드리의 경우도 마찬가지로 여러 부서의 데이터베이스를 결합해 경영 정보를 도출하는 데 활용됩니다. 문제는 이렇게 강력한 데이터 통합 능력을 통해 개인 프라이버시를 침해할 소지가 크다는 것입니다. 정보의 결합으로 인한 신규 정보 창출(예컨대 개별 데이터들을 모아 개인의 상세 프로필을 만들어 내는 것)은 현행 개인정보 보호 규제의 사각지대이며, 대중은 어떤 정보가 어떻게 활용되는지 알기 어려워지는 위험이 있습니다.

시민단체들과 개인정보 보호 전문가들은 팔란티어의 데이터 처리 방식에 계속해서 우려를 표명하고 있습니다. 미국시민자유연맹ACLU과 전자프런티어재단EFF 등은 팔란티어가 정부에 제공한 시스템이 대중의 개인정보를 무분별하게 수집·분석하고 있다고 비판합니다. 예를 들어, 팔란티어가 구축한 미국 보건부의 코로나19 데이터 플랫폼HHS Protect에는 200여 개의 소스에서 수집된 방대한 건강 정보가 모였지만, 정부가 어떤 데이터를 얼마나 오래 보관·공유하는지 대중에게 거의 공개하지 않아 투명성이 부족하다고 지적당했습니다. 2021년 EFF와 이민자 권익단체들은 FOIA(정보공개법) 소송을 통해 HHS Protect와 같은 팔란티어 시스템의 데이터 수집 현황과 이용 제한 정책을 밝혀내려 했으나, 충분한 답변을 받지 못했다고 밝히고 있습니다. 이렇듯 민간인에 대한 대규모 데이터 수집이 이루어지지만 정작 당사자인 국민은 어떤 정보가 어떻게 활용되는지 알 방법이 없다는 점에서, 팔란티어 시스템은 개인정보 자기 결정권을 약화시킨다는 비판을 받고 있습니다.

또한 팔란티어가 처리하는 데이터의 법적 적절성에 대한 논란도 있습니다. 유럽연합의 개인정보보호법GDPR은 목적 제한, 데이터 최소화, 투명성 등을 요구하는데, 팔란티어 같은 플랫폼이 한 곳에 데이터를 대량 집결시키는 방식은 자칫 GDPR의 취지와 상충할 수 있다는 지적입니다. 특히 유럽인의 데이터가 팔란티어를 통해 미국으로 넘어갈 가능성이 문제시됩니다. 팔란티어는 미국 기업이므로 미국 외국정보감시법FISA 등의 적용을 받는데, 이는 팔란티어가 보유한 외국인(미국 외 거주자) 데이터가 미국 정보기관에 제공될 수 있음을 의미합니다. 실제로 2020년 네덜란드의 프라이버시 단체 SOMI는 팔란티어가 EU 각국 경찰과 협력하면서 유럽 시민의 데이터를 부당하게 미국에 노출시키고 있을 가능성을 제기했습니다. 이 단체는 팔란티어가 지나치게 독점적인 데이터 통제권을 쥐고 있고, 시스템 결함으로 시민 정보가 유출될 위험이 있으며, 무엇보다 미국 정부와의 밀착으로 EU 회원국의 안보에 잠재적 위협이 된다고 경고했습니다. 아울러 팔란티어의 예측 경찰 기술이 "유죄 판결 전까지는 무죄"라는 법 원칙을 훼손하고 GDPR이 금지하는 자동 프로파일링에 해당할 소지가 있다고도 주장했습니다. 이러한 국제적 우려는 팔란티어 기술이 글로벌 개인정보 보호 규범과 충돌할 수 있음을 보여주는 사례입니다.

팔란티어는 이러한 비판에 대응하여 프라이버시 보호 기능을 강화하고 있다고 밝혀왔습니다. 회사 측은 팔란티어 플랫폼이 접근 권한 제어, 데이터 익명화, 사용 내역 감사logging 등의 기능을 제공하여, 고객이 법 규정을 준수하면서 데이터를 다룰 수 있다고 주장합니다. 또한 "우리는 데이터를 소유하거나 임의 활용하지 않고, 어디까지나 소프트웨어 제공자일 뿐"이라며 책임이 없다는 것을 분명히 하고 있습니다. 실제로 팔란티어 유럽

총괄은 독일 법원 판결 이후 "어떤 데이터를 조사에 활용할지는 전적으로 고객(정부)이 관련 법률에 따라 결정하며, 팔란티어는 데이터를 저장만 할 뿐"이라고 해명했습니다. 팔란티어는 유럽에서 데이터 저장을 현지화하고 GDPR 준수 절차를 갖추는 등 규제에 부합하기 위해 노력하고 있다고 밝혔지만, 여전히 시민사회는 회의적인 시각을 거두지 않고 있습니다. 2023년 초 독일 연방법원의 결정처럼, 팔란티어의 자동 데이터 분석이 개인정보 기본권을 침해하지 않도록 법적 통제장치가 필요하다는 목소리가 높습니다. 이는 기술 기업이 만든 시스템이라 할지라도 헌법과 개인정보 보호법의 테두리 안에서 운용되어야 함을 의미하며, 팔란티어도 예외가 아니라는 뜻입니다.

요약하면, 팔란티어 테크놀로지스를 둘러싼 윤리적 논란은 첨단기술, 정부 권력, 시민 권리 간의 충돌에서 비롯됩니다. 팔란티어의 기술은 국가 안보와 공공안전에 기여할 수 있는 강력한 도구이지만, 동시에 시민의 사생활과 자유를 위협하는 양날의 검입니다. 초보 투자자를 비롯한 대중은 팔란티어의 사업이 가져올 사회적 영향을 면밀히 살펴볼 필요가 있습니다. 감시 사회에 대한 우려, 정부와 기업의 유착, 개인정보 보호 쟁점 등은 팔란티어뿐 아니라 현대의 모든 기술기업이 직면한 과제입니다. 팔란티어 사례는 기술 발전이 반드시 윤리적 고려와 병행되어야 하며, 투명성과 책임이 뒤따르지 않을 때 어떤 반발이 일어나는지를 잘 보여줍니다. 앞으로 팔란티어가 이러한 논란에 어떻게 대응하고 신뢰 회복에 나설지가 중요한 관전 요소가 될 것입니다.

CHAPTER 9

경쟁 업체와의
비교를 통한
경쟁 우위 전략 파악

경쟁사 비교와 시장 내 입지
스노우플레이크, 데이터브릭스, AWS, 구글 클라우드

팔란티어 테크놀로지스는 빅데이터 통합 및 AI 분석 플랫폼 분야에서 독특한 위치를 차지하고 있습니다. 아래에서는 팔란티어를 주요 경쟁사들과 비교하여, 각 회사의 데이터 관리 방식, 강점, 고객층 및 사용 사례, 비즈니스 모델, 성장성 및 시장 점유율 등을 살펴보겠습니다.

팔란티어 vs. 스노우플레이크

데이터 저장 및 분석 방식의 차이

스노우플레이크는 클라우드 기반 데이터 웨어하우스로, 데이터를 자체 클라우드에 보관하고 SQL 등을 통해 분석할 수 있게 해주는 플랫폼입니다. 쉽게 말해, 스노우플레이크를 사용하면 기업은 모든 데이터를 클라우드로 모아 관리하고, 거대한 데이터도 빠르게 쿼리하여 인사이트를 얻을 수 있습니다. 사용자는 별도의 인프라를 직접 관리할 필요 없이 소프트웨어 서비스^{SaaS} 형태로 편리하게 이용할 수 있고, 기술적인 지식이 많지 않아도 비교적 쉽게 다룰 수 있도록 설계되어 있습니다.

팔란티어의 플랫폼 파운드리는 파일 기반 데이터 관리에 가깝습니다. 팔란티어는 자체적으로 데이터를 저장하지 않고, 대신 기업이 보유한 온프레미스 또는 클라우드 데이터에 연결하여 이를 통합 관리합니다. 팔란티어를 도입하면 다양한 출처의 데이터를 한데 모아 데이터 레이크처럼 활용할 수 있지만, 실제 데이터 저장은 여전히 고객의 시스템을 활용하는 방식입니다. 또한 팔란티어의 데이터 분석은 고유한 프라이빗 운영체제 (OS) 모델을 통해 이뤄집니다. 이는 매우 유연하고 맞춤화된 분석을 가능케 하지만, 그만큼 사용을 위해 높은 수준의 기술 전문성을 요구하는 편입니다. 요약하면 팔란티어는 데이터 통합과 심층 분석에 초점을 맞추었지만, 스노우플레이크는 대용량 데이터 저장과 편리한 분석에 중점을 둔 것입니다.

스노우플레이크의 강점 vs. 팔란티어의 강점

스노우플레이크의 강점: 스노우플레이크는 완전한 클라우드 데이터 플랫폼으로서 확장성과 사용 편의성이 뛰어납니다. 필요에 따라 컴퓨팅 자원과 스토리지를 독립적으로 확장할 수 있어, 소규모부터 대규모까지 유연하게 대응할 수 있습니다. 또한 서비스형 소프트웨어^{SaaS}로 제공되므로 업그레이드나 유지보수 부담이 적고, 마이크로소프트 파워 BI 같은 다양한 서드파티 도구 15개 이상과도 네이티브 통합이 가능합니다. 이러한 장점 덕분에 광범위한 고객층을 확보하고 있으며, 한 번 도입한 고객이 더 많은 데이터를 맡기는 경향이 높습니다(스노우플레이크는 기존 고객으로부터 173%의 놀라운 넷 매출 유지율을 기록한 바 있습니다). 쉽게 말해, "데이터를 클라우드에 모아두고 마음껏 쓰고 싶다"는 기업에게 스노우플레이크는 매력적인 선택이 될 것입니다.

팔란티어의 강점: 팔란티어는 고객 맞춤형 AI 분석에 강점을 지닙니다. 팔란티어의 소프트웨어는 단순한 데이터 저장소가 아니라, 여러 소스의 데이터를 통합하고 그 위에 고급 알고리즘으로 분석 및 시각화까지 한 번에 수행 가능한 종합 플랫폼입니다. 특히 기업별 도메인 지식과 요구 사항에 맞춘 커스터마이즈가 용이하여, 일반적인 툴로는 잡아내기 어려운 패턴이나 인사이트를 도출할 수 있습니다. 팔란티어는 제품을 도입한 고객과 긴밀히 협력하여 문제 해결에 특화된 솔루션을 구축하는데, 이러한 높은 맞춤화는 경쟁사 대비 두드러진 강점입니다. 예를 들어 팔란티어의 플랫폼은 AI/머신러닝이 코어에 내장되어 있어 데이터 분석 전 과정에 AI를 활용하며, 필요시 팔란티어의 전문 인력이 직접 고객사에 투입되어 최적의 결과를 낼 때까지 지원해 줍니다. 정리하면, 팔란티어는 각 고객의 복잡한 문제를 AI로 풀어내는 능력에서 경쟁 우위에 있습니다.

고객층 및 주요 사용 사례 비교

스노우플레이크의 고객층: 스노우플레이크는 매우 광범위한 산업 분야의 고객들을 보유하고 있습니다. 2021년 기준으로 이미 5,400곳 이상의 고객사를 확보했을 만큼 기업 규모나 업종을 가리지 않고 폭넓게 쓰이고 있습니다. 스타트업부터 대기업까지, 금융, 소매, 기술, 제조 등 데이터를 저장하고 분석해야 하는 모든 분야에 활용되고 있습니다. 주요 사용 사례로는 데이터웨어하우스를 대체하여 기업 내 흩어진 데이터를 한곳에 모아 비즈니스 인텔리전스[BI]나 리포팅에 활용하는 것, 또는 데이터 사이언스 팀이 대규모 데이터를 분석하는 백엔드로 쓰는 것 등을 들 수 있습니다. 스노우플레이크는 SQL 기반 인터페이스를 제공하여 기존 데이터 분석 인력들이 쉽게 적응할 수 있고, 다른 분석 도구와 연동해 활용하기도 쉽습니다.

팔란티어의 고객층: 팔란티어는 소수의 대형 고객을 집중적으로 상대하고 있다는 점에서 대비됩니다. 2021년 3분기 기준 팔란티어의 고객은 203곳에 불과했는데, 이는 같은 시기 스노우플레이크 고객 수의 5%도 안 되는 수준입니다. 대신 팔란티어는 정부 및 국방 분야와 포춘 500대 기업 같은 거대 조직을 주요 고객으로 삼습니다. 예를 들어 팔란티어의 고담 플랫폼은 미군, 방위기관, CIA 등의 정보기관에서 대규모 데이터를 분석하여 테러 위협 탐지 등에 활용되고 있습니다. 반면 민간 기업 부문에서는 파운드리 플랫폼을 통해 에어버스, BP, 머크[Merck]와 같은 기업의 공급망 관리, 생산 최적화, 금융 사기 탐지 등 복잡한 데이터 문제를 해결하고 있습니다. 이처럼 팔란티어는 소수의 핵심 고객에 깊이 파고드는 전략을 취하고 있으며, 실제로 한때 상위 20개 고객에서 매출의 66%가 나올 정도로 일부 고객 의존도가 높았습니다. 사용 사례 역시 일반적인 데이터 분석보다는 국가 안보, 군사 작전, 대규모 산업 운영 최적화 등 고난도 과제 해결에 집중되어 있습니다.

기업 비즈니스 모델 및 수익 창출 방식 차이

스노우플레이크의 비즈니스 모델: 스노우플레이크는 클라우드 사용량 기반 과금 모델로 유명합니다. 다시 말해 고객이 저장한 데이터 용량이나 쿼리 수행 등 사용한 만큼 요금을 내는 종량제에 가깝습니다. 실제로 스노우플레이크 매출의 약 93%가 이러한 소비 기반Consumption-based으로 발생하며, 소프트웨어를 연간 구독료로 파는 전통적 SaaS와는 약간 다르지만, 고객의 입장에서는 유연하게 지불할 수 있습니다. 이 모델의 장점은 초기 진입 장벽을 낮추어 폭넓은 고객을 유치하고, 데이터 사용량이 늘어날수록 매출이 자동으로 증가한다는 것입니다. 스노우플레이크는 이 전략으로 최근 몇 년간 매출이 폭발적으로 성장했는데, 2021년 회계연도 기준 전년 대비 110% 이상 매출 성장을 기록하기도 했습니다. 또한 순환되는 매출 (잔여 성과 의무, RPO) 규모가 41% 증가하여 52억 달러에 달하는 등 미래 매출도 탄탄히 확보한 상태입니다. 요약하면 "많이 쓰는 만큼 많이 번다" 가 스노우플레이크 수익 모델의 핵심입니다.

팔란티어의 비즈니스 모델: 팔란티어는 대형 계약 위주의 영업을 펼쳐 왔습니다. 팔란티어는 고객사와 수백만 달러 규모의 장기 계약을 맺고, 소프트웨어 라이선스와 컨설팅이 결합된 형태로 서비스를 제공합니다. 이는 일종의 고정 구독 + 맞춤 서비스 모델로 볼 수 있습니다. 과거 팔란티어 매출의 상당 부분이 소수 고객에게서 발생한 것도 이런 큰 단위 계약 덕분이었습니다. 팔란티어는 초기에는 사실상 소프트웨어 컨설팅 회사처럼 행동하여 고객 맞춤형 솔루션을 개발해 주며 성장했는데, 이 방식이 오랜 기간 성공적이었기 때문에 기업공개IPO 전까지 전통적인 소프트웨어 기업과 다른 길을 걸었습니다. 다만 이런 모델은 매출 집중도가 높아지는 단점이 있기 때문에 팔란티어도 최근에는 고객 기반을 넓히고 제품을 표준화하는 방향으로 변화하고 있습니다. 예를 들어 파운드리를 클라우드 SaaS형으로 제공하여 더 많은 중간 규모 기업도 쉽게 쓸 수 있게 하거나, 부트캠프 행사를 통해 잠재 고객들이 단기간에 팔란티어 AI 플랫폼을 체험하고 계약으로 전환하도록 유도하고 있습니다. 요약하면, 스노우플레이크는 다수 고객의 소액 사용이 모여 큰 매출을 이루는 구조이고, 팔란티어는 소수 고객과의 대형 거래로 매출을 올리는 구조라고 할 수 있습니다.

성장성과 시장 점유율 비교

과거 몇 년간 스노우플레이크는 팔란티어보다 빠른 성장세를 보여주었습니다. 예를 들어 2021년 팔란티어의 매출 증가율이 약 40%였던 반면, 스노우플레이크는 같은 기간 매출이 두 배 이상 성장(110% YoY[1])하며 팔란티어의 매출 규모를 빠르게 따라잡았습니다. 실제 매출 금액을 비교해 보면 2021년 팔란티어가 약 15.4억 달러, 스노우플레이크가 12억 달러 수준이었지만, 이후 스노우플레이크의 고속 성장으로 2023년에는 스노우플레이크 매출이 팔란티어를 넘어섰습니다. 공격적인 성장 전략 덕에 스노우플레이크의 기업가치(시가총액)도 팔란티어보다 훨씬 높게 평가받았습니다(한 비교 자료에 따르면 팔란티어 매출이 더 높음에도 불구하고 시가총액은 팔란티어 188억 달러, 스노우플레이크 430억 달러로 스노우플레이크가 두 배 이상 높았습니다). 다만 성장 대가로 손실도 큰 편인데, 2021년 기준 스노우플레이크는 -6.8억 달러 손실로 팔란티어(-5.2억 달러)보다 적자

---

1 year on year = year over year 전년 대비 증감율.

가 컸습니다. 팔란티어는 비교적 비용 관리가 용이해 손실 폭을 줄여가며 2023년에 최초로 흑자 전환에도 성공했습니다.

시장 점유율 측면에서 두 회사의 포지션도 다릅니다. 스노우플레이크는 클라우드 데이터 웨어하우스 시장에서 상위권 플레이어로, 2024년 기준 이 분야의 약 3% 정도 시장점유율을 차지하는 것으로 추산됩니다. 얼핏 3%가 작아 보이지만, 데이터웨어하우스 시장에는 AWS, 애저, 구글(빅쿼리) 등 쟁쟁한 플랫폼들이 많다는 것을 감안하면, 스노우플레이크는 단일 기업으로 상당한 존재감을 보이는 것입니다.

반면 팔란티어는 빅데이터 분석 소프트웨어 시장 전체로 보면 점유율이 한 자릿수 미만으로 낮습니다. 한 조사에 따르면 팔란티어는 빅데이터 분석 카테고리에서 1.8% 미만의 점유율을 보이며, 이는 동일 분야의 데이터브릭스(15% 이상) 등에 비해 훨씬 작은 규모입니다. 이는 팔란티어가 그동안 정부/특수 목적 위주의 틈새시장을 공략했기 때문으로 볼 수 있습니다. 요컨대 스노우플레이크는 폭넓은 시장에서 빠르게 성장하며 점유율을 높이고 있으며, 팔란티어는 아직 제한된 영역에서 강점을 보이지만 점차 상업 시장으로 확장하는 단계라고 정리할 수 있습니다.

팔란티어 vs. 데이터브릭스

머신러닝 및 AI 분석 플랫폼 비교

데이터브릭스는 빅데이터와 AI를 다루는 전문가들을 위한 '스마트 주방' 같은 플랫폼입니다. 요리할 때 신선한 재료를 준비하고, 적절한 조리 기구를 사용해야 맛있는 음식을 만들 수 있듯이, 데이터브릭스는 방대한 데이터를 정리하고 분석하며, AI 모델을 학습시키는 과정을 더 쉽고 효율적으로 만들어 줍니다. 이 플랫폼은 아파치 스파크Apache Spark라는 강력한 데이터 처리 엔진 위에 만들어졌습니다. 쉽게 말해, 평범한 가스레인지보다 훨씬 강력한 인덕션 조리기처럼 데이터를 빠르게 가공할 수 있도록 돕는 역할을 합니다.

데이터브릭스가 만든 핵심 개념 중 하나가 레이크하우스Lakehouse입니다. 이 개념은 데이터 레이크Data Lake와 데이터 웨어하우스Data Warehouse의 장점을 합친 것으로, 마치 강과 수도 시스템을 결합한 정수 시스템처럼 데이터를 자유롭게 보관하면서도 깨끗하고 체계적으로 관리할 수 있도록 합니다. 예를 들어, 데이터 레이크는 마치 큰 저수지처럼 정제되지 않은 다양한 데이터(정형·비정형 데이터)를 저장하는 공간입니다.

하지만 저수지 물을 그대로 마시기는 어렵죠. 반면, 데이터 웨어하우스는 깨끗한 정수 시스템처럼 가공된 데이터만 저장할 수 있어 분석하기에는 좋지만, 유연성이 부족합니다. 레이크하우스는 이 두 가지의 장점을 결합해, 물은 넉넉하게 저장하되, 필요한 만큼 깨끗하게 정제해서 사용할 수 있도록 만든 것과 비슷합니다. 특히, 데이터브릭스의 델타 레이크Delta Lake 기술은 데이터 레이크에 정수 필터를 추가하는 것과 같습니다. 델타 레이크를 사용하면 데이터가 흐르는 동안 불순물을 걸러내고 깨끗한 상태를 유지할 수 있도록 도와주며, 데이터의 신뢰성을 보장해 줍니다.

또한, 데이터브릭스는 개발자와 데이터 과학자들이 쉽게 작업할 수 있도록 '디지털 실험실' 같은 환경을 제공합니다. 주피터 노트북[2]처럼 파이썬Python이나 스칼라Scala 코드를 직접 실행하면서 데이터를 정리하고 AI

2　프로그래밍 코드, 텍스트, 이미지, 그래프 등을 한곳에서 작성하고 실행할 수 있는 도구.

모델을 훈련할 수 있도록 돕습니다.

결과적으로, 데이터브릭스는 요리사(데이터 엔지니어·데이터 과학자)들이 복잡한 요리를 쉽고 빠르게 만들 수 있도록 돕는 최첨단 주방과 같은 역할을 합니다. 기업에서는 이를 활용해 AI 모델을 개발하고, 머신러닝 파이프라인을 구축하며, 더 나은 데이터 기반 의사 결정을 할 수 있습니다.

팔란티어도 머신러닝과 AI 분석 기능을 제공하지만 접근 방식이 전혀 다릅니다. 팔란티어 파운드리 플랫폼에도 데이터 준비부터 모델 훈련, 예측에 이르는 기계 학습Machine Learning 워크플로우가 포함되어 있고, 팔란티어의 AI 기술은 플랫폼의 핵심 부분에 내장되어 있습니다. 다만 데이터브릭스는 사용자가 직접 모델을 코딩하고 실험하도록 자유를 주는 반면, 팔란티어는 미리 구축된 AI 기능들을 적절히 조합하여 현업 문제를 해결하는 데 초점을 맞춥니다. 예를 들어 팔란티어는 시나리오 시뮬레이션, 예측모델 등을 도메인에 특화시켜 제공하여, 사용자가 일일이 알고리즘을 개발하지 않고도 AI의 혜택을 얻을 수 있도록 합니다. 요약하면 데이터브릭스는 AI를 만들기 위한 도구에 가깝고, 팔란티어는 AI를 활용한 솔루션에 가깝다고 볼 수 있습니다. 두 플랫폼 모두 머신러닝을 지원하지만, 데이터브릭스는 '모델 개발자' 관점, 팔란티어는 '비즈니스 문제 해결사' 관점에서 설계되었다는 차이가 있습니다.

데이터브릭스의 오픈소스 기반 vs. 팔란티어의 독점적 분석 방식

데이터브릭스의 큰 특징 중 하나는 오픈소스 친화 전략입니다. 앞서 언급한 스파크Spark나 델타레이크뿐 아니라, MLflow와 같은 오픈소스 MLops 툴 등 여러 커뮤니티 주도 기술들을 주축으로 플랫폼을 구성하고 있습니다. 이를 통해 이용자들은 오픈소스의 유연성과 커뮤니티의 혁신을 적극 활용할 수 있고, 특정 벤더에 종속되지 않는 환경을 만들 수 있습니다. 실제로 데이터브릭스는 개방형 기술 표준을 강조하며, 다양한 서드파티 라이브러리나 프레임워크와 쉽게 연동되도록 설계되어 있습니다. 예를 들어 텐서플로TensorFlow, 사이킷런scikit-learn 등의 라이브러리를 데이터브릭스 노트북에서 바로 사용할 수 있고, 데이터도 개방형 포맷(파케이Parquet, JSON 등)으로 주고받을 수 있습니다.

팔란티어는 이와 대조적으로 폐쇄형(독점적) 생태계에 가깝습니다. 팔란티어 파운드리는 자체적으로 통합된 환경을 제공하지만, 공식적으로 지원되는 외부 통합이 많지 않습니다. (예를 들어, 팔란티어가 네이티브로 지원하는 외부 도구는 마이크로소프트 파워 커리 등이 언급될 정도로 제한적입니다.) 팔란티어 플랫폼 내에서 대부분의 기능이 해결되도록 만들어져 있고, 고객이 별도의 오픈소스 도구를 팔란티어 플랫폼 안에서 자유롭게 사용할 수 있는 범위는 상대적으로 좁습니다. 이러한 독점적 접근 방식은 장단점을 모두 갖습니다.

장점은 팔란티어가 엔드투엔드E2E, end-to-end 방식으로 모든 과정이 하나의 통합된 시스템 안에서 이루어지며 데이터의 처리와 의사 결정을 일관되게 할 수 있어 안정적이라는 것입니다. 반면 단점은 벤더 종속lock-in 가능성이 크다는 점입니다. 팔란티어를 도입한 기업은 팔란티어가 제공하는 방식에 상당 부분 의존해야 하며, 시스템 커스터마이징이나 외부 확장이 제한될 수 있습니다. 반대로 데이터브릭스는 개방성이 높아 원하면 다른 대안으로 교체하거나 병행하기 쉽지만, 모든 것을 사용자가 조합해야 하므로 통합 과정의 복잡성은 더 높을 수 있습니다. 요약하면, 데이터브릭스는 오픈소스 생태계의 장점을 살린 유연한 플랫폼이고 팔란티어는 자체 생태계로 완결성을 추구하는 플랫폼입니다.

각 회사의 핵심 고객 및 시장 전략

데이터브릭스의 고객 및 전략: 데이터브릭스는 폭넓은 산업 분야에서 고객을 확보했지만, 특히 데이터 기술 인력이 있는 대기업들 사이에서 인기가 높습니다. 6 Sense의 분석에 따르면 데이터브릭스를 사용하는 기업 수는 8,000여 곳에 이르는데, 여기에는 유수의 글로벌 기업이 포함됩니다. 마이크로소프트 애저 플랫폼에서 애저 데이터브릭스Azure Databricks로 제공되는 등 주요 클라우드 업체와의 파트너십을 통해 고객 기반을 넓혀 온 것도 특징입니다. 데이터브릭스의 영업 전략은 종종 현장 실무자 중심 bottom-up으로 이루어집니다. 예를 들어 한 팀이 머신러닝 프로젝트에 데이터브릭스를 사용하기 시작하고, 좋은 성과를 얻으면 이를 발판으로 회사 전체로 확대되는 식입니다. 이러한 전략으로 엔터프라이즈 소프트웨어 시장에서 폭넓은 침투율을 확보했으며, 스타트업부터 거대 테크 기업, 금융기관, 제약회사(유전체 분석 등)까지 다양한 고객 사례를 보유합니다. 요약하면 데이터브릭스는 "모든 곳에 스파크를 심는다."라는 식으로 범용 플랫폼을 지향하며 시장을 넓혀왔습니다.

팔란티어의 고객 및 전략: 팔란티어는 초기부터 정부와 공공기관을 핵심 고객으로 삼았고, 지금도 미국 국방/정보기관과 강력한 유대 관계를 유지하고 있습니다. 예를 들어 미 육군, 해군, 항공우주국NASA, CIA, FBI 등이 팔란티어의 오랜 고객으로, 방대한 기밀 데이터를 분석하고 시각화하는 데 팔란티어를 활용합니다. 상업 부문에서는 포춘 100대 기업 중 일부가 팔란티어를 채택했는데, 이들 역시 규모가 방대하고 데이터가 복잡한 기업들입니다. 팔란티어의 전략은 이러한 대형 잠재 고객을 직접 공략top-down하는 것입니다. 팔란티어 경영진이나 세일즈팀이 C-레벨 경영진에게 접근하여 특정 난제에 대한 해결책을 제시하고, 파일럿 프로젝트를 거쳐 수백만 달러 규모 계약으로 전환하는 식입니다. 그리고 일단 계약이 성사되면 팔란티어 직원들이 투입되어 고객사의 데이터 인프라를 재구축하고 문제 해결을 도와주며 긴밀한 협력 관계를 유지합니다. 이러한 전략 덕분에 팔란티어는 한번 들어간 고객사 내에서 사업을 크게 확대하곤 합니다(팔란티어 기존 고객의 지출 증대율이 높아, 일부 최고 고객은 수년간 팔란티어와의 계약 규모를 5배로 늘렸습니다). 정리하면, 데이터브릭스는 폭넓은 기업을 상대로 개발자 친화적 플랫폼을 퍼뜨리는 전략이고 팔란티어는 소수의 전략적 고객과 깊은 협업을 통해 '큰 물고기'를 잡는 전략이라고 할 수 있습니다.

데이터 엔지니어링 및 데이터 사이언스 활용성 차이

데이터브릭스 활용성: 데이터브릭스는 데이터 엔지니어와 데이터 사이언티스트에게 최적화된 도구입니다. 사용자가 코드 작성을 통해 세부 제어를 할 수 있기 때문에, 예를 들어 복잡한 ETL(추출-변환-적재) 파이프라인을 구축하거나 딥러닝 모델을 학습시키는 등의 작업에 유리합니다. 한마디로 "코드를 통해 뭐든지 할 수 있다."라는 자유도가 있습니다. 스파크 APISpark API를 이용한 대규모 분산처리, SQL 쿼리, R/파이썬Python 라이브러리를 활용한 통계 분석 등 다양한 방식으로 데이터에 접근할 수 있어,

기술 실력이 있는 팀이라면 데이터브릭스를 가지고 많은 것을 구현할 수 있습니다. 다만, 이 말은 곧 사용자가 모든 것을 직접 만들어야 한다는 의미이기도 합니다. 데이터브릭스를 제대로 활용하려면 스파크 튜닝, 클러스터 리소스 최적화, 머신러닝 프레임워크 활용 등에 대한 전문 지식이 필요합니다. 따라서 전문 인력이 있는 조직에서는 데이터브릭스가 매우 강력한 무기가 되지만, 그렇지 않은 조직이 쓰기에는 진입 장벽이 있습니다.

팔란티어 활용성: 팔란티어 파운드리는 더 폭넓은 사용자를 포괄할 수 있게 설계된 플랫폼입니다. 팔란티어는 데이터를 가져오고 정제하는 많은 과정을 시각적 UI와 자동화로 단순화하려고 노력했습니다. 예를 들어 드래그앤드롭으로 데이터 파이프라인을 구성하거나, 사전에 정의된 템플릿을 활용해 코드 한 줄 없어도 기본 분석 앱을 만들어 보는 것이 가능합니다. 이는 데이터 엔지니어가 부족한 조직에서도 현업 담당자들이 데이터를 활용할 수 있게 해주는 장점이 있습니다. 또한 팔란티어는 데이터 거버넌스, 권한 관리, 추적성traceability 등의 엔터프라이즈 기능이 기본 내장되어 있어서, 대기업의 업무 환경처럼 여러 부서가 협업으로 데이터를 써야 할 때 유용합니다. 하지만 팔란티어도 초기 도입과 세팅은 간단하지 않습니다. 워낙 강력하고 유연한 플랫폼이다 보니 자사 엔지니어의 도움 없이 고객만으로 세팅하기 어려운 부분이 있고, 맞춤화에도 시간과 노력이 들수밖에 없습니다. 결과적으로 데이터브릭스는 "코딩 능력이 있는 데이터 팀을 위한 도구"라면, 팔란티어는 "비즈니스팀까지 아우르는 종합 데이터 플랫폼"이라고 볼 수 있습니다. 전자는 자율성과 유연성이 높고, 후자는 사용 편의성과 통합성이 높다고 할 수 있습니다.

팔란티어와 데이터브릭스 모두 강력한 데이터 플랫폼이지만, 팔란티어가 특히 경쟁력을 발휘하는 분야가 몇 가지 있습니다.

첫째, 보안이 중요하고 클라우드 사용이 제한된 환경에서 팔란티어는 압도적인 우위를 지닙니다. 팔란티어는 애초에 미군, 정보기관 등 극도로 민감한 환경을 위해 개발되었기 때문에, 온프레미스나 정부 전용 클라우드에서도 완벽히 동작하도록 설계되어 있습니다. 반면 데이터브릭스는 주로 상용 클라우드(AWS, Azure 등)에서 서비스형으로 제공되며 온프레미스 버전이 없습니다. 따라서 군사 기밀망이나 인터넷과 격리된 폐쇄망에서는 팔란티어만이 현실적인 선택지인 경우가 많습니다.

둘째, 엔드투엔드 턴키 솔루션 제공 측면에서 팔란티어의 강점이 두드러집니다. 팔란티어는 데이터 통합부터 AI 모델 적용, 대시보드 구축, 나아가 의사 결정 지원까지 한 플랫폼 안에서 제공합니다. 이를 통해 기술 인력이 부족한 조직도 팔란티어 팀의 도움을 받아 단기간에 가시적인 성과를 낼 수 있습니다. 팔란티어 도입 후 몇 주 내로 운영에 투입 가능한 애플리케이션을 개발해 주는 사례들이 보고되고 있습니다. 그러나 데이터브릭스로 동일한 수준의 완성도를 내려면 별도의 비즈니스 인텔리전스 BI 도구, 애플리케이션 프레임워크 등을 추가로 엮어야 할 수 있습니다.

셋째, 도메인 전문성입니다. 팔란티어는 특정 산업이나 문제 영역에 대해 축적한 경험이 많아, 방위, 정보분석, 의료, 금융 등에서 베스트 프랙티스를 제품에 녹여냅니다. 예컨대 팔란티어는 팬데믹 시기에 각국 정부의 코로나19 대응(백신 배분 등)을 위한 데이터 시스템을 신속히 구축한 바 있는데, 이런 것은 팔란티어의 현업 지식과 소프트웨어가 결합된 덕분입니다. 반대로 데이터브릭스는 플랫폼 자체는 범용적이나, 그 위에 무엇을 만들지는 전적으로 사용자의 몫입니다.

물론 데이터브릭스의 강점도 팔란티어가 따라가기 어려운 부분이 있습니다. 데이터브릭스는 오픈소스 에코시스템의 활력을 타고 빠른 속도로 기능을 확장하고 있고, 인공지능 분야의 최신 트렌드를 개발자들이 즉각 활용하기 쉽습니다. 또한 데이터브릭스는 팔란티어보다 가격 측면에서 유연하여, 작은 규모로 시작해 점진적으로 투자할 수 있다는 장점도 있습니다.

따라서 두 회사는 완전히 대체재 관계보다는 서로 다른 니즈에 부응한다고 볼 수 있습니다. 요약하면 팔란티어는 높은 보안 환경, 통합 솔루션이 필요한 경우, 데이터브릭스는 개발자 주도로 커스텀 AI/데이터 프로젝트를 할 때 각각 경쟁력을 가지며, 팔란티어는 자신이 강한 이 영역에 집중해 데이터브릭스와 구분되는 입지를 구축하고 있습니다.

팔란티어 vs. AWS 및 구글 클라우드

AWS · 구글 클라우드의 데이터 분석 툴과 팔란티어 파운드리 비교

아마존 웹 서비스AWS와 구글 클라우드는 자체적으로 방대한 데이터 분석 도구 모음을 갖추고 있습니다. 예를 들어 AWS의 대표적인 데이터웨어하우스 서비스 레드시프트Redshift, 구글 클라우드의 빅쿼리BigQuery는 둘 다 클라우드에서 대용량 데이터를 저장하고 구조적 데이터 쿼리 언어인 SQL을 통해 분석할 수 있게 해주는 서비스입니다. 기능 면에서 보면 스노우플레이크와 유사하게, 기업의 데이터 창고를 클라우드에 구현하여 고속으로 질의하고 BI 도구와 연계해 시각화하는 용도로 쓰입니다. 팔란티어 파운드리는 이러한 데이터 플랫폼들의 상위 계층에 위치한다고 볼 수 있습니다. 파운드리 자체는 데이터 저장소가 아니므로, 기업들은 대부분 기존에 쓰는 데이터베이스나 데이터레이크(레드시프트, 빅쿼리, 애저 데이터 레이크 등)에 팔란티어를 연결합니다. 그리고 팔란티어는 연결된 여러 데이터 소스를 한데 묶어 단일 분석 환경을 제공하고, 그 위에서 협업 분석, 머신러닝, 시뮬레이션 등을 수행하게 합니다. 예를 들어 한 기업이 AWS S3에 로그 데이터를, 오라클 데이터베이스Oracle DB에 거래 데이터를 가지고 있다면, 파운드리는 이들을 모두 링크하여 마치 하나의 데이터 소스처럼 취급하고 분석할 수 있습니다. 반면 AWS 레드시프트나 구글 빅쿼리는 각각의 데이터 집합을 개별적으로 저장·질의하는 역할에 충실합니다.

정리하면, 레드시프트/빅쿼리는 '데이터를 담아두는 그릇', 팔란티어는 '그 데이터를 요리하는 주방'에 비유할 수 있습니다. 팔란티어 파운드리의 목표는 분석에서 한발 더 나아가 그 결과를 실시간 의사 결정에 반영하는 것인데, 전통적인 데이터웨어하우스 서비스는 거기까지 책임지지 않습니다.

클라우드 시장에서의 입지 및 협업 가능성

AWS와 구글 클라우드는 전 세계 클라우드 인프라 시장을 주도하는 거대 기업들입니다. AWS는 현재도 클라우드 인프라 시장 점유율 1위를 달리고 있고, 구글 클라우드GCP 역시 3위권의 주요 사업자입니다. 이들 기업은 자체 생태계를 강력히 구축하고 있어, 많은 고객이 AWS나 GCP만으로도 데이터 저장부터 머신러닝 배포까지 모든 작업을 할 수 있게 돕습니다. 이러한 거대 클라우드 업체와 팔란티어는 협력과 경쟁 요소를 모두 가지고 있습니다. 팔란티어는 기본적으로 클라우드 인프라를 직접 제공하지 않기 때문에, AWS나 구글의 파트너로서 동작하는 면이 큽니다. 실제로 팔란티어 파운드리는 AWS, 애저, 구글 클라우드, 오라클 클라우드 등 주요 클라우드에서 동일하게 구동될 수 있도록 제공합니다. 팔란티어는 AWS와 전략적 제휴를 맺어 파운드리를 AWS 마켓플레이스에서 판매하고, AWS 세이지메이커(SageMaker, 머신러닝 서비스)와 팔란티어를 통합해 연결해 쓰는 것도 지원합니다. 구글과도 협업하여 파운드리와 빅쿼리 간 네이티브 연동을 발표했는데, 이를 통해 고객이 빅쿼리에 쌓은 데이터를 팔란티어에서 바로 활용하고, 그 결과를 다시 빅쿼리로 저장하는 식의 원스톱 통합이 가능해졌습니다.

이처럼 팔란티어는 클라우드 업체들의 생태계 안에서 함께 가치를 제공하는 전략을 취하고 있습니다. 이는 팔란티어 입장에서 거대 기업들과 정면 승부를 피하면서도 시장에 폭넓게 접근할 수 있는 방법입니다. 실제로 팔란티어는 IBM, AWS 등의 판매망을 활용해 공동으로 고객을 발굴하기도 합니다. 요약하자면, 팔란티어는 클라우드 위에서 돌아가는 솔루션 업체로서의 입지를 가지고 있으며, 협업을 통해 상생하는 모델을 지향합니다.

한편, 경쟁이 전혀 없지는 않습니다. AWS나 구글은 팔란티어와 유사한 기능을 하는 서비스를 직접 보유하거나 확대하고 있습니다. 예를 들어 AWS는 데이터 통합 및 분석을 위해 아마존 글루Amazon Glue, 아마존 아테나Amazon Athena, 아마존 퀵사이트Amazon QuickSight 등 조각조각 여러 서비스를 제공합니다. 구글 역시 구글 클라우드 데이터 퓨전Google Cloud Data

Fusion, 루커Looker, 버텍스 AIVertex AI 등을 통해 데이터 통합부터 AI 모델링까지 지원합니다. 잘 구성하면 고객은 팔란티어 없이도 AWS나 구글 클라우드만으로 팔란티어와 비슷한 환경을 만들 수 있다는 뜻입니다. 특히 중소 규모 고객이나 민감한 데이터를 다루지 않는 업계에서는 굳이 팔란티어를 도입하지 않고 클라우드 기본 서비스만으로 솔루션을 구축하기도 합니다. 그럼에도 불구하고, 팔란티어는 이러한 빌딩 블록들을 하나로 묶어 즉시 활용 가능한 플랫폼으로 만든다는 차별점이 있기 때문에, 당분간은 협업과 경쟁이 공존하는 관계가 지속될 전망입니다.

팔란티어의 경쟁력: 보안성 및 정부 계약 강점

팔란티어가 대형 클라우드 업체들과 차별화되는 가장 두드러진 경쟁력은 보안성과 정부 분야 실적입니다. 팔란티어는 창업 초기부터 미국 CIA의 인큐베이팅 투자를 받을 정도로 정부/방산 분야에 밀접했고, 자연스럽게 극한의 보안 요구 사항을 충족하는 기술을 발전시켰습니다. 예를 들어 팔란티어의 소프트웨어는 미국 국방성의 클라우드 보안 등급 IL6(1급 비밀 바로 아래 등급) 환경에서도 운용될 수 있을 만큼 높은 보안 기준을 충족합니다. 이러한 검증된 보안성은 아무리 거대 기업이라도 쉽게 따라 하기 어려운 팔란티어만의 강점입니다. 실제로 구글은 한때 펜타곤(미국 국방부)의 AI 프로젝트(프로젝트 메이븐Project Maven)에 참여했다가 내부 반대로 철수했지만, 팔란티어는 이를 계기로 해당 분야에 적극 뛰어들어 국방 AI 계약을 수주하는 등 공공 분야에서 공백을 메웠습니다. 팔란티어는 최근에도 미 육군의 AI 현대화 사업을 잇달아 따내며 존재감을 과시했는데, 이런 성과는 정부 고객의 특수한 요구(데이터 주권, 최고 수준의 암호화, 사용자 권한 통제 등)를 만족시키는 팔란티어 기술력이 뒷받침되었기에 가능했습니다.

정부 계약 기반 매출은 팔란티어의 또 다른 강점입니다. 2021년 기준 팔란티어 매출의 58%가 정부 부문에서 발생했는데, 이러한 꾸준한 정부 매출은 경기 변동에 상대적으로 덜 흔들리고 장기적 파트너십으로 이어지는 경향이 있습니다. 반면 AWS나 구글은 민간 기업 매출이 대부분이기 때문에 경제 상황이나 고객의 예산에 민감하고, 정부 사업도 수행하지만, 팔란티어만큼 밀착된 역할을 하지는 않습니다. 또한 팔란티어는 정부 프로젝트를 통해 얻은 신뢰성과 레퍼런스를 발판으로 다른 나라 정부나 공공기관 시장에도 진출하고 있어, 이 분야에서는 팔란티어만의 독보적 위치가 형성되어 있습니다. 예컨대 영국 국민보건서비스NHS의 데이터 플랫폼 구축에 팔란티어가 참여하여 코로나19에 대응을 위한 지원 사례 등은 세계 시장에서 어필하는 데 큰 도움이 되었습니다. 요약하면, '믿고 맡길 수 있는 보안/분석 파트너'라는 이미지는 팔란티어가 거대 클라우드 업체들과 차별화되는 핵심 경쟁력입니다.

대형 클라우드 업체들과의 차별점 및 협업 가능성

앞서 언급했듯 팔란티어와 AWS/구글은 한편으로 협력하면서도, 다른 한편으로는 각자의 강점을 내세워 차별화를 꾀하고 있습니다. 팔란티어의 차별점은 통합성과 전문성인데, 이는 클라우드 업체들의 모듈식 서비스 방식과 대비됩니다. AWS를 예로 들면, 고객이 AWS에서 팔란티어 비슷한 기능을 얻으려면 여러 서비스를 조합해야 합니다(예: 데이터레이크용 S3 + 웨어하우스용 레드시프트 + ETL용 글루 + ML용 세이지메이커 + 시각화용 퀵사이트 등). 반면 팔란티어 파운드리는 파운드리 하나만으로도 이러한 기능 모두 통합되어 나오므로, 시스템 구축 시간이 단축되고 호환성 문제도 적습니다. 이는 복잡함을 싫어하는 고객이나 빠른 배포가 필요한 프로젝트에서 큰 장점입니다. 구글 클라우드도 빅쿼리, 루커, 버텍스 AI 등 각각의 솔루션은 우수하지만, 팔란티어처럼 완전히 통합된 솔루션은 없다는 점에서 AWS와 동일한 한계를 가집니다.

동시에 팔란티어는 협업을 통해 자신이 담당하지 않는 부분은 클라우드 파트너가 맡도록 합니다. 예를 들어 초대규모 데이터 저장/처리 인프라는 AWS/구글이 담당하고, 그 위에 해석과 의사 결정 레이어는 팔란티어가 얹히는 식입니다. 이런 역할 분담은 양측에 윈윈이 될 수 있어, 앞으로도 팔란티어는 클라우드 업체들과 공동 솔루션 패키지를 만들어 제안하는 등 협력 기회를 모색할 것입니다. 실제로 팔란티어와 구글이 공동 발표한 솔루션이나, 팔란티어와 IBM의 협업(클라우드 팩 for Data에 팔란티어 추가) 등이 그 예입니다. 단, 클라우드 업체들도 팔란티어와 유사한 수직 솔루션을 늘려가고 있기 때문에 얼마나 긴밀한 협력이 지속될지는 지켜볼 필요가 있습니다.

요약하면 팔란티어는 거대 클라우드 업체들보다 작지만 전문 플레이어로서 차별화를 이루고 있으며, 필요시 협력하여 서로의 장점을 결합하는 유연한 접근을 취하고 있습니다. 팔란티어의 이러한 포지션은 당분간 유효해 보이며, 정부/특수 분야에서는 오히려 클라우드 공룡들이 팔란티어와 협업해 신뢰를 얻으려는 상황도 연출되고 있습니다.

시장 점유율 및 주요 고객 비교

시장 점유율: 글로벌 클라우드 인프라 시장에서 AWS와 구글이 차지하는 비중은 각각 ~30%와 ~10% 이상으로 추산되는 등(2020년대 초 기준) 절대적입니다. 반면 팔란티어는 독립 소프트웨어 공급업체ISV이므로 클라우드 인프라 시장 점유율 개념과는 다소 거리가 있습니다. 대신 빅데이터 분석 소프트웨어 시장 기준으로 보면 팔란티어의 점유율이 한 자릿수 내외로, AWS/구글의 전체 데이터 관련 매출에 비하면 아주 적습니다. 그러나 이는 팔란티어가 지향하는 바와도 일치합니다. 팔란티어는 애초에 대중적 플랫폼보다는 특화 솔루션을 지향했기 때문에, 건수로 따지는 점유율은 낮아도 고객당 매출이나 영향력은 큰 편입니다. 예를 들어 AWS나 구글 클라우드는 수만 개 이상의 고객사를 보유하지만, 팔란티어는 고작 수백 곳의 고객사만으로 연 매출 20억 달러 이상을 올리고 있습니다. 이는 팔란티어 고객 한 곳 한 곳의 규모가 크고, 핵심 업무에 깊숙이 팔란티어를 사용함을 보여줍니다.

주요 고객: AWS와 구글 클라우드는 사실상 모든 산업의 모든 규모 기업을 고객으로 두고 있습니다. 예를 들어 AWS의 고객사에는 넷플릭스, 에어비앤비 같은 기술 기업부터, 존슨앤존슨, 코카콜라 같은 전통 기업, 그리고 미 정부 기관 등도 있습니다. 구글 클라우드의 고객사로는 페이팔, UPS, 듀폰 등 다양한 글로벌 기업들이 있으며, 특히 비쿼리는 트위터의 데이터 분석 등에도 쓰이는 등 폭넓게 활용됩니다. 한편 팔란티어의 주요 고객은 앞서 언급했듯 미 연방정부 부처들(국방, 정보, 법 집행 등)과 대형 민간 기업(에어버스, BP, 크레디트스위스 등)입니다. 팔란티어는 동맹국

으로도 고객을 확장하여 영국, 캐나다, 호주 등의 정부와 국방 분야 프로젝트도 진행하고 있습니다. 민간에서는 제조, 에너지, 금융 분야의 선도기업들이 팔란티어를 도입하여 복잡한 공급망 최적화, 예측 정비, 위험 관리 등에 활용하는 사례가 다수 있습니다. 예를 들어 에어버스는 팔란티어를 활용해 전사적인 부품 공급망 데이터를 통합 관리하고 있고, 미국 주요 투자은행들은 팔란티어로 사기 거래 패턴을 탐지하기도 합니다. 고객 수 측면에서는 AWS/구글이 압도적이지만, 고객당 프로젝트 규모로 보면 팔란티어가 단연 큽니다. 팔란티어는 2023년 기준 500여 개 미만의 고객으로 구성되어 있고, 계약당 금액이 큰 편이며, 100만 달러 이상 규모의 거래도 수백 건에 이릅니다. 반면 AWS/구글은 중·소액 사용 고객이 다수를 차지합니다. 이처럼 팔란티어는 적은 고객으로도 존재감을 발휘하는 집중형 모델이고, AWS/구글은 거대한 풀의 분산형 모델이라고 볼 수 있습니다.

시장 내 팔란티어의 입지

빅데이터 및 AI 분석 시장의 주요 흐름

전반적인 빅데이터 및 AI 분석 시장은 최근 몇 년간 클라우드, AI, 오픈소스라는 세 가지 큰 흐름을 보이고 있습니다. 기업들은 점점 데이터 인프라를 클라우드로 이전하고 있으며, 데이터 저장 기술도 전통적 데이터웨어하우스에서 데이터 레이크 및 레이크하우스로 진화하고 있습니다. 이는 정형 데이터뿐 아니라 비정형 데이터(로그, 문서, 이미지 등)까지 모두 분석에 활용하려는 수요가 증가하기 때문입니다.

또한 머신러닝/인공지능의 도입이 가속화되면서, 단순히 데이터를 모아

두는 것을 넘어 데이터로부터 예측과 의사 결정을 얻어내는 것이 경쟁력의 핵심이 되고 있습니다. 예를 들어 생성형 AI$^{Generative AI}$ 열풍으로 많은 기업이 자신들의 데이터에 챗GPT와 같은 AI를 접목하려고 하며, 2022년 15억 달러 규모였던 생성 AI 소프트웨어 시장이 2027년에는 590억 달러까지 성장할 것으로 전망됩니다. 이런 추세는 데이터 플랫폼 업체들에게 AI 기능 강화를 압박하고 있습니다.

마지막으로 오픈소스와 생태계의 영향력이 커지고 있습니다. 과거에는 상용 솔루션들이 주도했다면, 이제 하둡, 스파크, 파이썬 라이브러리들처럼 커뮤니티 주도의 도구들이 표준처럼 받아들여지고 있어, 상용 업체들도 이를 활용하거나 호환성을 확보해야 시장에서 환영받는 분위기입니다.

팔란티어의 차별점과 강점

이런 시장 흐름 속에서 팔란티어는 몇 가지 뚜렷한 차별점과 강점을 지니고 있습니다.

첫째, 엔드투엔드 데이터 운영 체제를 제공한다는 점입니다. 팔란티어 파운드리는 단순한 데이터 분석 툴이 아니라 데이터 + 모델 + 운영을 아우르는 운영체제^{OS}로 설계되어 있습니다. 이는 팔란티어만의 독특한 개념으로, 데이터 수집부터 분석, 시뮬레이션, 현업 적용까지 한 흐름으로 연결되게 합니다. 실제 팔란티어의 프라이빗 OS 모델은 타 기술과 "유사한 것이 없다$^{no\ analog}$."라고 평가될 정도로 독자적인 접근 방식입니다.

둘째, 정부·공공 분야에서 입증된 전문성입니다. 앞서 언급했듯 팔란티어는 테러 방지, 군사 정보 분석 등 고난도 문제 해결에 투입되어 성과를 보였습니다. 이런 경험은 곧 제품의 기능적 완성도로 이어졌는데, 예를 들어 고담의 한 기능을 상용 버전 파운드리에 응용하는 식으로 크로스오버 이점을 누릴 수 있습니다. 또한 정부 계약을 수행하며 쌓은 도메인 지식은 동일 분야 신규 고객을 확보하는 선순환을 만들어 냅니다.

셋째, 높은 보안성과 신뢰성입니다. 팔란티어는 미 국방성과 수년간 작업하며 소프트웨어의 보안, 안정성, 확장성에서 최고 수준 기준을 충족시켰습니다. 그 결과 팔란티어 제품을 도입한 기업들은 자사 데이터가 안전하게 관리되고 있음을 신뢰하는 경향이 강합니다. 넷플릭스나 우버 같은 기업이 기술적으로 아무리 뛰어나도, 국방 분야에서 팔란티어가 쌓은 레퍼런스는 따라올 수 없는 무형의 자산입니다.

이 밖에도 팔란티어의 강점으로는 강력한 시각화 및 인터렉티브 UI, 전문인력 지원(전진 배치 엔지니어를 통해 고객 밀착 지원) 등이 있습니다. 요약하자면, 팔란티어는 범용성보다는 통합된 깊이 있는 솔루션을 지향하며, 이러한 차별화 요소들이 시장에서 팔란티어만의 입지를 탄탄히 다지는 원동력이 되고 있습니다.

향후 성장 가능성 및 위협 요인

성장 가능성: 팔란티어는 최근 몇 년간 상업 부문 확장에 박차를 가하고 있어 향후 성장 기대를 높이고 있습니다. 2023년 기준 팔란티어의 상업 고객 수는 전년 대비 2배 가까이 증가하는 등, 그동안 약점으로 지적되던 고객 저변 확대가 가시화되고 있습니다. 또한 2023년 런칭한 팔란티어 AIP^{Artificial Intelligence Platform}는 기업 데이터에 거대언어모델^{LLM}을 적용할 수 있게 해주는 혁신적 제품으로 주목받았습니다. 이는 현재 기업들의 최대 관심사인 생성형 AI 도입 요구를 직접 겨냥한 것으로, 팔란티어가 AI

시대에 새로운 수요를 창출할 수 있는 포인트입니다. 실제로 팔란티어는 AIP를 통해 출시 몇 달 만에 상당한 신규 계약을 확보했고, AI 부트캠프 등을 통해 고객 교육 및 세일즈를 가속화하고 있습니다. 재무적으로도 팔란티어는 2023년부터 흑자를 기록하며 수익성 개선 단계에 접어들었고, 현금흐름도 견고하여 앞으로 기술 투자나 인수합병M&A 여력도 갖추고 있습니다. 이런 요소들은 팔란티어의 향후 성장에 긍정적인 신호입니다. 특히 국제 시장 진출도 계속되어, 팔란티어가 미군 이외에 북대서양조약기구NATO 동맹국 군대, 아시아 기업 등 신규 고객층을 확보할 경우 성장 폭은 더욱 커질 수 있습니다.

위협 요인: 그럼에도 팔란티어가 직면한 도전과 위협도 무시할 수 없습니다. 우선 경쟁이 심화되고 있습니다. 한때 팔란티어와 직접 경쟁할 만한 회사는 드물었지만, 이제는 앞서 비교한 스노우플레이크, 데이터브릭스, 클라우드 공룡들 모두가 자기 방식으로 팔란티어의 기능을 따라잡거나 대체하려 하고 있습니다. 예를 들어 스노우플레이크는 최근 스노우플레이크 코텍스라Snowflake Cortex는 AI 플랫폼을 내놓고 자사 데이터 위에서 바로 AI 모델을 돌리고 응용할 수 있게 하며, 데이터브릭스도 레이크하우스 AILakehouse AI 전략을 통해 더 사용하기 쉽게 진화하고 있습니다. 이렇게 되면 팔란티어의 상대적 기술 우위가 줄어들 수 있습니다.

또한 오픈소스 커뮤니티의 발달로 인하여 기업들이 자체적으로 오픈소스 툴을 조합해 팔란티어와 비슷한 환경을 구축하는 사례도 나올 수 있습니다. 비용 측면에서 팔란티어는 고가의 솔루션으로, 경제 침체기나 예산 절감 국면에서는 도입을 주저할 수 있습니다. 팔란티어가 대규모 계약 의존 구조에서 벗어나지 못한다면, 특정 대형 고객을 상실할 수 있어 실적에 큰 영향을 줄 위험도 있습니다.

마지막으로 정치/규제 리스크도 있는데, 정부 계약 사업은 정책 변화나 정권 교체 등에 영향을 받을 수 있고, 팔란티어 같은 민간 기업이 방대한 민감 데이터를 다루는 것에 대한 감시와 비판도 존재합니다. 이러한 요인들은 팔란티어가 앞으로 극복해야 할 도전이라 할 수 있습니다.

팔란티어 제품이 시장 내에서 가지는 독보적 요소

팔란티어의 제품군(고담, 파운드리, 아폴로)은 경쟁사들과 구분되는 몇 가지 독보적 요소를 보유하고 있습니다. 우선 고담은 사실상 국가 안보/첩보 분석 플랫폼의 대명사로 통할 만큼 특화된 제품입니다. 경쟁사 중 정부용으로 이렇게 특화된 플랫폼을 내놓은 곳은 드뭅니다.

고담은 방대한 데이터에서 연결 관계를 찾아내는 그래프 분석, 실시간 상황 인지, 임무 계획 지원 등 독자적 기능을 갖추고 있어서, 이 분야에서 만큼은 팔란티어가 유일무이한 솔루션 제공자 역할을 합니다.

파운드리는 앞서 설명했듯 기업 운영 체제라는 콘셉트로, 데이터 카탈로그 + ETL[3] + 비즈니스 인텔리전스[BI] + 시뮬레이션을 단일 플랫폼으로 제공하는 점이 독보적입니다. 시중에 데이터 카탈로그 도구, ETL 도구, BI 도구는 많지만, 이것을 한 흐름으로 엮고 그 결과로 다시 운영 행동 Operational action을 취하도록 닫힌 루프를 구현한 사례는 드뭅니다. 예를 들어 파운드리 사용자는 데이터를 분석해 나온 인사이트를 클릭 몇 번으로

---

3 ETL은 추출(Extract), 변환(Transform), 로드(Load)를 나타냅니다. 기업에서는 이 프로세스 덕분에 구조화된 데이터와 구조화되지 않은 데이터를 토대로 비즈니스에 필요한 결정을 내릴 수 있습니다.

바로 해당 운영 시스템에 피드백시켜 업데이트를 적용할 수 있는데, 이런 데이터·운영의 연계가 팔란티어만의 강점입니다.

마지막으로 아폴로는 팔란티어 솔루션을 어떤 환경에든 배포하고 업그레이드할 수 있는 소프트웨어 배포 플랫폼인데, 멀티클라우드/온프레미스에 걸친 단일 제어층을 제공한다는 점에서 돋보입니다. 이는 팔란티어가 고객별 맞춤 설치를 자동화하고 규모를 확장하는 비결로, 일반적인 소프트웨어 회사에서는 찾아보기 힘든 기술적 자산입니다.

정리하면 팔란티어 제품들은 '조합이 아닌 완결형 솔루션'이라는 점에서 독특하며, 이는 시장에서 팔란티어만의 포지셔닝을 만들어 냅니다. 다만 이러한 독보성 때문에 팔란티어에 상응하는 직접 경쟁자를 꼽기 어려워, 일부 고객은 여러 대체 솔루션의 조합으로 팔란티어를 대신하기도 합니다. 예를 들어 스노우플레이크 + 데이터브릭스 + 태블로 등을 합쳐서 팔란티어와 유사한 기능을 만들려는 식입니다. 그러나 여전히 팔란티어가 제공하는 통합된 가치 – 즉 데이터 통합에서 결과 활용까지의 긴 여정을 하나로 단축해 주는 능력 – 는 따라오기 어렵다는 평가가 많습니다. 팔란티어가 앞으로도 이러한 독보적 요소를 유지 발전시키고, 동시에 가격이나 접근성 측면에서 허들을 낮출 수 있다면 빅데이터 및 AI 분석 시장에서 자신만의 확고한 입지를 이어갈 것으로 전망합니다.

요약: 팔란티어는 빅데이터/AI 시장에서 강점과 약점이 뚜렷한 플레이어입니다. 강점은 뛰어난 데이터 통합 능력, 맞춤형 AI 솔루션 제공, 높은 보안과 신뢰성으로, 경쟁사들이 쉽게 모방하기 힘든 독자적 영역을 개척했다는 점입니다. 약점으로는 높은 도입 비용과 제한된 고객 폭, 오픈소스

트렌드에 대한 폐쇄성 등이 지적되며, 경쟁사들은 저마다 다른 방식으로 팔란티어의 영역을 침투하고 있습니다. 그럼에도 팔란티어는 자신만의 전문성과 통합 솔루션으로 시장에서 독보적인 위치를 차지하고 있으며, 향후 이 장점을 살려 지속해서 발전할 것으로 기대됩니다. 각 경쟁사와의 비교를 통해 볼 때, 팔란티어는 "특정 문제를 끝까지 해결해 주는 동반자"로서 강점이 있습니다. 이는 스노우플레이크의 범용 클라우드 데이터 플랫폼, 데이터브릭스의 오픈 데이터 사이언스 플랫폼, AWS/구글의 거대 클라우드 생태계와 대비되는 팔란티어만의 색깔이라고 할 수 있습니다. 앞으로 팔란티어가 이러한 강점을 유지하면서 약점을 보완해 나간다면, 빅데이터 및 AI 분석 시장에서의 존재감은 더욱 커질 것입니다.

CHAPTER 10

AI 시대,
패러다임을 바꾼
팔란티어의 미래

전망과 시나리오
AI 시대에서 팔란티어의 미래, 확장 가능성과 위험 요인

AI 시대, 팔란티어의 위치

팔란티어 테크놀로지스는 데이터 통합 및 분석 분야의 선도 기업으로, 정부 기관과 대기업을 대상으로 방대한 데이터를 통합하고 분석하여 실질적인 인사이트를 제공하는 소프트웨어 플랫폼을 만들어왔습니다. 전통적인 빅데이터 분석 회사와 최신 AI 기업의 중간 지점에 위치해 있으며, 공공 부문과 민간 부문 모두에 걸쳐 AI 기반 데이터 분석을 선도하는 독특한 포지셔닝을 갖추고 있습니다. 특히 정부 정보기관 및 국방 분야에서 쌓은 경험과 대규모 기밀 데이터를 다루는 전문성은 팔란티어만의 강점입니다.

팔란티어의 주요 플랫폼인 고담(정부/국방용)과 파운드리(민간 기업용)는 본래 빅데이터를 통합하고 분석하는 데 중점을 두었지만, 최근 수년간 머신러닝ML과 인공지능AI 기능을 점진적으로 통합해 왔습니다. 예를 들어

파운드리 플랫폼은 데이터 통합뿐만 아니라 AI 모델 개발 및 예측 분석도 지원하며, 고담은 방대한 정보 데이터에서 패턴 식별과 의사 결정 지원에 AI를 활용합니다. 이러한 기존 플랫폼 위에, 2023년 팔란티어는 AIP라는 새로운 계층을 도입했는데, 이는 거대언어모델LLM과 같은 생성형 AI 기술을 팔란티어 플랫폼에 직접 통합한 것입니다. AIP를 통해 팔란티어의 소프트웨어는 민감한 내부망 환경에서도 최신 AI 모델을 활용할 수 있게 되었고, 기업들이 생성형 AI를 데이터 보안이 보장된 상태에서 의사 결정을 도울 수 있게 지원합니다. 실제로 팔란티어의 인공지능 플랫폼AIP은 2023년 중반 출시 이후 수요가 급증하여, 다양한 조직이 AI 기반 해법을 신속히 구현하는 데 핵심 역할을 했습니다. 예컨대 팔란티어 기술은 코드 테스트/디버그부터 군대 위치 시각화까지 폭넓은 AI 응용을 지원하여, 정부와 기업 모두에서 AI 활용도를 높이는 데 기여하고 있습니다.

팔란티어는 생성형 AI 전략 측면에서도 차별화를 꾀하고 있습니다. 자체적으로 챗GPT 같은 언어 모델을 개발하기보다, 오픈 AI 등 외부의 최첨단 LLM들을 팔란티어 플랫폼에 프로세스를 조정하여 실행하는 오케스트레이션하여 결합함으로써 고객 데이터에 맞춤용 활용을 제공합니다. LLM 자체가 범용적인 문장 생성기에 불과하다면, 팔란티어는 여기에 각 조직의 모든 이질적인 데이터를 연결해 맥락을 부여함으로써 AI의 유용성을 극대화하는 방향을 취합니다. 이러한 접근은 고객 맞춤형 활용을 통해 "무엇을 해야 하는가"에 대한 실용적인 해답을 도출한다는 팔란티어 철학과 맞닿아 있습니다. 요컨대 팔란티어는 기술 그 자체보다 기술을 실제 현장에 적용하여 가치를 창출하는 데 초점을 맞춤으로써, 단순 AI 연구 기업들과 차별화되고 있습니다.

이러한 강점 덕분에 팔란티어는 생성 AI 붐 속에서도 돋보이는 입지를 확보했습니다. 2023~2024년 사이에 팔란티어의 주가는 300% 이상 상승하며 AI 시대 수혜주로 부상했고, 시가총액(2025년 2월, 2,383억 달러, 한화 약 342조 7,945억 5,000만 원)도 크게 뛰었습니다. 정부 및 민간의 AI 수요 증가로 팔란티어의 플랫폼 수요도 급증하고 있으며, 회사는 이를 토대로 매출 전망을 상향 조정하는 등 성장에 자신감을 보였습니다. 팔란티어 CEO 알렉스 카프는 "세계는 AI를 가진 자와 못 가진 자로 나뉠 것이다. 팔란티어는 승자들에게 힘을 실어줄 것"이라며 AI 시대 주도 의지를 밝혔는데, 이는 팔란티어가 단순 도구 공급을 넘어 AI 시대의 필수 인프라가 되겠다는 포부를 반영합니다.

물론 팔란티어의 도전 과제도 존재합니다. AI 시장에서의 경쟁이 치열해지면서, 팔란티어는 자사의 특장점을 부각해야 합니다. 팔란티어의 강점은 앞서 언급한 보안 환경에서의 대규모 데이터 통합과 AI 적용 능력, 그리고 정부 수준의 신뢰성 및 도메인 지식입니다. 그러나 한편으로 팔란티어는 자체 AI 모델 개발에서는 선두 업체가 아니다 보니, 오픈AI나 구글 같은 AI 연구선도 기업과는 다른 방식으로 경쟁해야 합니다. 또한 팔란티어 솔루션은 모듈형 플랫폼보다 총체적 해결책에 가깝기 때문에, 고객이 느끼기에 유연성이 떨어질 수 있고 초기 도입이 복잡할 수 있습니다. 요약하면 팔란티어는 데이터 통합·분석에 특화된 강점을 살려 AI 시대 기업들과 차별화해야 하는 과제가 있습니다. 이는 뒤에서 살펴볼 시장 확장 전략과 위험 요소와도 연결됩니다.

확장 가능성

팔란티어는 원래 미국 정부 및 국방 분야에서 주로 성장했지만, 향후 다양한 산업으로의 확장 가능성을 적극 모색하고 있습니다. 이미 의료, 금융, 제조, 에너지 등 여러 분야에서 팔란티어 파운드리 플랫폼을 활용하는 사례가 늘고 있습니다. 파운드리는 기업이 대규모 데이터를 통합·분석하고 시각화하여 의사 결정을 최적화하도록 돕는 플랫폼으로서, 복잡한 데이터 환경을 가진 업종에 특히 강점을 보입니다. 실제로 팔란티어는 상업 부문 매출을 꾸준히 확대해왔는데, 2023년 3분기 상업 고객 매출이 전년 대비 약 27% 증가하여 3.17억 달러에 달했습니다. 주요 상업 고객으로는 제약사 머크, 항공기 제조사 에어버스, IT 기업 IBM과 마이크로소프트 등 다양한 산업의 글로벌 기업들이 포함되어 있습니다. 이는 팔란티어가 방위 산업 외에도 제조 공급망 관리, 의료 연구와 병원 운영, 금융 데이터 분석 등에서 가치를 창출하며 고객군을 넓혀가고 있음을 보여줍니다.

특히 의료 분야는 팔란티어가 새롭게 힘쓰는 시장 중 하나입니다. 팬데믹 시기 팔란티어는 미국, 영국 등의 보건당국을 도와 코로나19 데이터 통합 및 백신 배포를 지원하면서 의료 데이터 플랫폼으로서 가능성을 입증했습니다. 그 연장선에서 2023년 영국 국민보건서비스^{NHS}는 팔란티어와 7년 동안 3억 3,000만 파운드(한화 5,996억 2,320만 원) 규모의 계약을 체결하여 전국 의료 데이터 통합 플랫폼^{Federated Data Platform} 구축을 맡겼습니다. 이는 영국 전체 환자 의료데이터를 한데 모아 분석·활용하려는 대형 프로젝트로, 팔란티어가 의료 분야로 사업 영역을 확장한 대표적 사례입니다. 또 다른 사례로 미국의 홈케어 기업 옵션 케어 헬스^{Option Care Health}

는 팔란티어와 간호 인력 스케줄 및 공급망 관리에 AI를 적용하는 파트너십을 맺는 등, 의료 서비스 운영에 팔란티어 AI를 도입하려는 움직임도 있습니다. 이러한 흐름은 향후 헬스케어 산업 전반에서 팔란티어의 역할 확대 가능성을 시사합니다.

금융 업계에서도 팔란티어는 대형 은행의 사기 탐지나 자산운용사의 데이터 통합 분석 등에 솔루션을 제공하며 존재감을 높이고 있습니다. 제조 분야에서는 앞서 언급한 에어버스 외에도 자동차, 반도체 기업들이 생산 공정 최적화와 공급망 리스크 관리에 팔란티어 파운드리를 활용하는 경우가 있습니다. 에너지 부문에서도 대규모 운영 데이터를 가진 석유·가스 기업이나 신재생에너지 회사들이 팔란티어 플랫폼을 도입해 장비 센서 데이터 분석, 효율 향상을 도모하고 있습니다. 이처럼 산업별로 축적된 모범사례use case가 늘어나면, 팔란티어의 평판과 영향력이 특정 분야에 치우치지 않고 넓어질 것으로 전망합니다.

또한 세계 시장 진출 역시 팔란티어 성장 전략의 중요한 축입니다. 현재 팔란티어 매출의 상당 부분은 미국과 영국에 집중되어 있지만, 회사는 아시아, 유럽 등 고성장 국제 시장을 적극 공략하고 있습니다. 예를 들어 일본에서는 후지쯔Fujitsu와 전략적 파트너십을 맺어 팔란티어 소프트웨어를 제공하고 있고, 한국, 캐나다, 독일, 프랑스 등에서도 지사를 설립하거나 현지 계약을 체결해 나가고 있습니다. 우크라이나의 경우 팔란티어 기술을 지뢰 제거 같은 인도적 작업에 AI로 활용하여 지원하고 있습니다. 이러한 국제적 확장은 민간 분야뿐 아니라 동맹국 정부와 국제기구를 아우르며 진행되고 있으며, 향후 글로벌 매출 비중 증가로 이어질 가능성이 높습니다. 다만 국제 사업에서는 각국의 데이터 주권 및 보안 우려를 해소해야 하므로, 현지 파트너와의 협업 및 투명성 확보가 중요할 것입니다.

팔란티어는 제품 제공 방식의 다변화를 통해 고객 저변 확대에도 힘쓰고 있습니다. 과거 팔란티어는 대형 고객에게 맞춤형 소프트웨어와 컨설팅 서비스를 장기간 계약하는 형태가 일반적이었지만, 이는 비용이 높고 도입이 복잡하여 중소규모 고객이 접근하기 어려운 장벽이 되었습니다. 이를 극복하기 위해 2021년 "파운드리 포 빌더스Foundry for Builders"라는 프로그램이 도입되었습니다. 이 프로그램을 통해 팔란티어는 스타트업과 중견기업에 파운드리 플랫폼을 구독형SaaS으로 제공하기 시작했습니다. 팔란티어 파운드리를 완전 관리형 SaaS 형태로 제공함으로써, 클라우드 호스팅부터 데이터 통합, 분석, AI모델링, 시각화까지 모두 하나의 플랫폼에서 수행할 수 있게 하였고, 초기 설정 비용과 시간을 크게 줄여 중소기업들도 손쉽게 활용할 수 있게 한 것입니다. 구독 모델 도입은 팔란티어에게 더 넓은 고객 풀(특히 빠르게 성장하는 스타트업들)을 확보하게 해주며, 고객이 성장함에 따라 팔란티어 소프트웨어 사용도 확장될 수 있는 장기적 이점을 제공합니다. 앞으로 팔란티어는 이러한 클라우드 기반 배포와 SaaS 모델을 더욱 강화하여, 고객 친화적 접근성을 높일 것으로 예상됩니다. 예컨대 주요 퍼블릭 클라우드(AWS, 애저, GCP) 마켓플레이스에서 팔란티어 소프트웨어를 제공하거나, 모듈별 구매 옵션을 늘리는 전략도 고려될 수 있습니다.

마지막으로, 신기술 도입과 파트너십 강화 역시 팔란티어의 성장 전략의 핵심입니다. 팔란티어는 필요한 경우 외부 기술을 적극 통합하거나 전략적 제휴를 통해 자사 플랫폼의 기능을 확장해왔습니다. 예를 들어 팔란티어는 IBM과 협업하여 IBM의 클라우드 데이터 솔루션과 팔란티어 파운드리를 결합한 상품을 판매했고, 타 산업 전문기업들과 파트너를 맺어 고객에게 종합 솔루션을 제공하고 있습니다. 최근에는 미국 방산 기업 L3해리스L3Harris와 협력하여 첨단 센서 데이터에 AI를 접목한 차세대 국방 기술을 개발하고 있으며, 안두릴Anduril 등 신흥 국방 기술 기업과도 파트너십을 맺어 국방 AI 훈련 시스템을 고도화했습니다. 그뿐만 아니라 2024년 말에는 팔란티어가 스페이스X, 오픈AI 등 실리콘밸리 기술기업들과 컨소시엄을 구성해 미 국방부 대형 사업에 공동 입찰을 추진한다는 소식도 전해졌는데, 이는 단독으로 대응하기 어려운 거대 프로젝트를 위해 협력 네트워크를 구축하는 움직임으로 해석됩니다. 이런 전략은 팔란티어가 자사 핵심 역량에 집중하면서도, 부족한 부분은 파트너십으로 보완하여 전체 솔루션 범위를 넓히는 효과가 있습니다. 앞으로도 팔란티어는 첨단 AI 연구조직, 클라우드 제공업체, 산업별 솔루션 업체들과 협력을 강화하고, 필요하면 유망한 기술기업 인수도 검토하며 기술 경쟁력을 유지할 전망입니다.

위험 요인 및 도전 과제

팔란티어의 미래 성장에는 여러 위험 요인과 도전 과제도 병존합니다. AI 시장 경쟁 심화, 데이터 프라이버시 및 윤리 이슈, 정치적 리스크, 비용 및 영업 과제, 시장 변화 속도 대응 등이 대표적입니다.

첫째, AI 및 빅데이터 분야의 경쟁이 격화되고 있다는 점입니다. 팔란티어가 선도한 데이터 분석/통합 + AI 영역에 이제는 많은 기업이 뛰어들었습니다. 예를 들어 스노우플레이크나 데이터브릭스 같은 신흥 데이터 플랫폼 기업들은 각자 클라우드 데이터웨어하우징과 데이터레이크/ML 분야에서 강자로 부상했고, 자체적으로 생성형 AI 기능을 추가하며 고객을 유치하고 있습니다. 아마존 웹 서비스, 구글 클라우드, 마이크로소프트 애저 등의 거대 클라우드 기업들도 완결된 데이터 분석 및 AI 서비스를 제공하고 있어, 기업으로서는 팔란티어를 쓰지 않고도 이들 플랫폼을 활용해 자체 솔루션을 구축할 수 있는 환경이 갖춰지고 있습니다. 실제 업계에서는 팔란티어의 경쟁사로 AWS, Azure, GCP, 데이터브릭스, 스노우플레이크, 인포매티카, SAS, 알터릭스Alteryx 등이 종종 거론됩니다. 이런 경쟁자들은 더 저렴하거나 유연한 클라우드 기반 모델을 내세워 팔란티어의 시장을 일부 잠식하기도 합니다. 따라서 팔란티어는 자사 제품의 탁월함과 차별화된 가치를 입증하여, 경쟁사와 비용 대비 효과 및 통합적 솔루션의 강점을 강조해야 합니다. 또한 오픈소스 생태계의 발전도 잠재 경쟁 요소인데, 기업들이 오픈소스 분석 도구들을 조합해 팔란티어의 일부 기능을 대체하려는 시도도 있을 수 있습니다. 이런 치열한 경쟁 환경에서 팔란티어가 지속적으로 혁신하고 우위 유지를 위한 투자를 게을리하면, 성장에 제동이 걸릴 가능성도 있습니다.

둘째, 데이터 프라이버시와 윤리적 이슈입니다. 팔란티어는 주로 정부기관, 특히 정보기관과 치안/이민 당국 등과 협업하고 있기 때문에, 민감한 개인 정보와 대중 감시에 관련된 논란이 끊이지 않았습니다. 예컨대 팔란티어 소프트웨어가 미 이민세관단속국ICE의 불법 이민자 추적에 사용되어 수백 명이 체포되었다는 보도가 나와 사회운동가들의 거센 비판을 받기도 했습니다. 또한 팔란티어가 경찰의 범죄 예측 시스템이나 정보기관의 대량 감시에 활용됨에 따라 시민의 자유 침해 우려가 꾸준히 제기되고 있습니다. 팔란티어 측은 "우리는 데이터 브로커가 아니며 고객의 데이터를 판매하거나 저장하지 않는다"라며 엄격한 윤리 기준과 보안장치를 갖추고 있다고 강조하지만, 정부와 기업이 팔란티어 시스템에서 데이터를 어떻게 활용하는지에 대한 불투명성은 여전히 지적됩니다. 영국 NHS 계약의 경우에도 팔란티어의 과거 행적으로 인해 "팔란티어 같은 감시 기술 기업이 다른 나라의 국민 의료 데이터를 맡는 것에 대한 심각한 우려"가 제기되었고, 일부에서는 '팬데믹 위기를 이용한 로비'로 계약을 따냈다는 비판도 있었습니다. 이런 사례들은 팔란티어가 새로운 고객을 확보하거나 해외 시장에 진출할 때 평판 리스크로 작용할 수 있습니다. 만약 데이터 윤리 문제로 정책적인 규제 강화가 이루어지거나 주요 고객(특히 정부)이 여론의 압박으로 계약을 취소하는 사태가 발생하면, 팔란티어 사업에 큰 타격을 줄 것입니다. 따라서 팔란티어는 투명한 거버넌스와 윤리 기준 준수를 통해 이러한 리스크를 관리해야 하며, AI 시스템의 공정성, 설명 가능성 등에도 특히 신경 써야 합니다.

셋째, 정치적 리스크입니다. 팔란티어 매출의 큰 부분이 미국 정부, 특히 국방 및 정부 부문 계약에서 나옵니다. 2024년 3분기 기준으로 팔란티어 매출의 56%가 정부 부문에서 발생했을 정도로, 정부 의존도가 높은 편입니다. 이러한 구조는 한편으로 안정적인 수입원을 제공하지만, 동시에 정권 교체나 정책 변화에 따른 위험에 노출되어 있다는 뜻이기도 합니다. 예를 들어 미국 행정부가 교체되어 예산 우선순위가 바뀌거나 국방/정보 예산이 삭감되면 팔란티어의 성장에 영향이 불가피합니다. 혹은 특정 정부 프로젝트의 재계약이 불확실해질 때(예: 미 육군 대규모 데이터 플랫폼 사업 갱신이 지연되거나 경쟁사에 넘어가는 경우), 투자자들이 우려를 나타내기도 합니다. 실제로 2023년 말 일부 분석가들은 팔란티어의 군 계약 갱신 가능성에 대한 우려를 표시하며 주가에 신중한 전망을 내놓기도 했습니다. 이처럼 정부 정책 및 예산의 향방이 팔란티어 실적에 미치는 영향이 크므로, 정치적 환경 변화는 중요한 리스크 요인입니다.

또한 국제적으로도 지정학적 요인이 사업에 영향을 줄 수 있습니다. 팔란티어가 미군 및 정보 커뮤니티와 밀접한 만큼, 중국 등 경쟁국 시장에는 진출이 사실상 불가능하며, 심지어 일부 우방국가에서도 미국산 정보 플랫폼 사용을 경계하는 시각이 있을 수 있습니다. 유럽연합의 경우 미국 클라우드/데이터 업체에 대한 규제나 자국 솔루션 선호 정책이 나올 가능성도 거론됩니다. 반대로 한편으로는 국제 안보 정세 악화로 국방/정보 지출이 늘면 팔란티어에 기회가 되지만, 정치적 통제 강화로 민간 영역에서 데이터의 규제가 강화된다면 사업 제한으로 작용하는 등, 정치 환경이 양날의 검이 될 수 있습니다. 팔란티어는 이러한 리스크를 분산하기 위해 상업 부문 비중을 늘리고 국제 고객을 다변화하려 하고 있지만, 정부 의존도를 완전히 낮추는 데는 시간이 걸릴 것입니다.

넷째, 비용 구조 및 고객 유치의 어려움입니다. 팔란티어의 플랫폼은 강력하지만 도입 비용이 매우 높고 구현이 복잡하다는 인식이 있습니다. 전통적으로 팔란티어는 각 고객사에 팔란티어 엔지니어 팀이 파견되어 수개월에서 수년간까지 맞춤 설정을 해주는 방식이었고, 계약 규모도 수백만 달러에 달하는 대형 프로젝트 위주였습니다. 이런 인력 집약적 모델은 팔란티어 솔루션이 '값비싼 컨설팅 + 소프트웨어'로 여겨지게 했고, 많은 기업이 애초에 도전조차 하지 못하거나 내부 개발을 택하도록 만들었습니다. 사실 팔란티어도 이러한 점을 10-K 보고서에서 인정하며 "우리는 기본적으로 잠재 고객들의 내부 소프트웨어 개발 노력과 경쟁하고 있다."라고 밝혔습니다. 많은 고객이 팔란티어 도입 전 자체 시스템을 구축하려 시도해 보고, 실패하거나 한계를 느낀 후에야 팔란티어에 도움을 요청한다는 것입니다. 이는 팔란티어 솔루션의 높은 진입장벽을 보여주는 동시에, 높은 전환 비용switching cost을 내포합니다. 고객으로서는 팔란티어를 도입하면 얻는 가치가 크지만, 그만큼 투자와 헌신이 요구되기 때문에 신중해질 수밖에 없습니다. 경쟁사들은 이를 파고들어 더 간편하고 저렴한 SaaS 도구를 내놓거나, 일부 기능만이라도 싸게 제공함으로써 팔란티어의 잠재 고객을 선점하려 합니다.

예컨대 팔란티어 고담은 강력하지만, 높은 비용과 많은 커스터마이징 요구로 인해, 일부 고객들은 경량화된 대안을 찾거나 부분 기능만이라도 확보하려고 한다는 지적이 있습니다. 이렇듯 팔란티어의 높은 가격 정책과 복잡성은 고객 유치 속도를 제한하는 요인이 될 수 있습니다. 팔란티어는 앞서 언급한 '파운드리 포 빌더스' 등으로 중소기업 접근성을 높이려 노력하고 있으나, 여전히 완전한 셀프서비스형 제품에 익숙한 고객층을 공략하는 데 한계가 있다는 평가도 있습니다. 따라서 향후 팔란티어가 더 표준화된 제품 패키지, 단기 구축 옵션, 유연한 과금 모델을 제공할 수 있을지가 과제로 남아있습니다.

다섯째, 시장 변화와 기술 혁신 속도에 대한 대응입니다. AI 분야는 기술 변화가 매우 빠른 영역으로, 새로운 혁신이 금세 패러다임을 바꿀 수 있습니다. 팔란티어가 현재 생성형 AI 붐을 잘 포착하여 AIP를 출시하고 시장의 호응을 얻었지만, 앞으로 끊임없이 최신 AI 트렌드를 통합해야 합니다. 예를 들어 오픈소스 거대언어모델LLM의 발전, 자동화된 머신러닝 AutoML, 엣지 AI 등 새 트렌드가 부각될 때 팔란티어 플랫폼이 이에 적시에 대응하지 못하면 경쟁력이 떨어질 수 있습니다. 고객의 요구 사항도 빠르게 진화하여, 과거에는 대규모 분석 인력에 초점을 둔 플랫폼이 각광을 받았지만, 이제는 현업 사용자가 직접 AI를 활용하거나 더 실시간에 가까운 의사 결정 지원을 요구하는 방향으로 나아가고 있습니다. 팔란티어는 이러한 요구에 부응하기 위해 사용자 경험UX 개선이나 경량 웹인터페이스, 자동화 기능 등을 강화해야 할 것입니다.

또한 거시경제 변화 역시 시장에 영향을 줍니다. 경기 침체 시 기업들은 대규모 IT 투자를 줄일 수 있고, 이는 팔란티어 같은 고가 솔루션에 불리합니다. 반대로 경기가 좋고 AI에 대한 과열된 기대가 꺾일 때 거품 논란이 나올 수 있습니다. 현재 팔란티어 주가가 높은 이익 대비 배수를 반영하고 있어, 조금만 성장세가 둔화되어도 시장 변동성이 커질 우려가 있다는 지적도 있습니다. 이는 팔란티어가 계속해서 시장 기대치에 부응하는 성과를 내야 하는 압박으로 작용합니다. 즉, 기술 혁신의 속도와 고객 니즈 변화, 경제 상황 변동에 기민하게 대응하는 것이 팔란티어에게 지속적인 도전 과제로 남아있습니다.

요약하면, 팔란티어는 탁월한 기술과 시장 기회를 지니고 있으나 이러한 다양한 위험 요인들을 관리하며 나아가야 합니다. 경쟁우위 유지와 신뢰 구축, 비즈니스 모델 유연화 등이 그 해결책의 키워드라고 할 수 있습니다.

미래 시나리오 분석

팔란티어의 전망을 낙관적, 보수적, 비관적인 몇 가지 시나리오로 나눠 생각해 볼 수 있습니다. 이는 앞서 언급한 기회와 위험 요인들이 어떻게 현실화되는 지에 따라 달라질 것입니다.

- **낙관적 시나리오:** AI 및 데이터 분석 기술 혁신의 흐름을 팔란티어가 선도적으로 활용하여 폭발적인 성장을 이뤄내는 경우입니다. 이 시나리오에서는 팔란티어가 정부 부문에서 지속적으로 대형 계약을 수주하고, 상업 부문에서도 매년 높은 두 자릿수 이상의 성장률을 유지합니다. 생성형 AI 붐 속에서 팔란티어 AIP가 사실상의 업계 표준 플랫폼으로 자리 잡아, 많은 기업이 팔란티어를 통해 AI 도입을 가속합니다. 모닝스타(Morningstar) 등 일부 전문가는 현재 진행 중인 AI 혁명은 팔란티어와 같은 소프트웨어 기업들에게 그 규모나 영향력에 비해 과도할 정도로 큰 이익을 가져다줄 것으로 전망됩니다. 게다가 팔란티어의 최고 전성기가 아직 오지 않았다고 평가합니다. 낙관적 시나리오에서는 이러한 예상이 현실화되어, 팔란티어가 향후 5~10년 내 매출 규모를 현재의 몇 배로 늘리고 시장 지배력을 확보할 것으로 봅니다. 각 산업에서 팔란티어 플랫폼이 필수 인프라로 채택되고, 국제적으로도 아시아, 유럽 시장 점유율이 크게 상승할 것입니다. 그 결과 팔란티어는 2020년대의 세일즈포스(Salesforce)처럼 소프트웨어 업계를 대표하는 초우량 기업으로 자리매김할 수 있습니다. 이 경우 주가도 장기적으로 우상향하여, 투자자들의 높은 기대를 충족시킬 것입니다. 낙관적 시나리오의 전제는 팔란티어가 경쟁자들보다 앞서 혁신하고, AI 활용에 어려움을 겪는 수많은 조직의 문제를 효과적으로 해결해

주며, 정부/민간 모두에서 신뢰받는 파트너로 자리 잡는 것입니다.

- **보수적 시나리오**: 팔란티어가 현 수준의 주력 시장을 견인하며 완만한 성장을 이어가는 경우입니다. 이 시나리오에서는 정부 부문 매출이 견고하게 꾸준히 증가하지만(예를 들어, 국방/정보 예산 증가율 수준으로 성장), 상업 부문에서는 확산 속도가 제한적일 수 있습니다. 팔란티어는 여전히 미국 등 핵심 시장에서는 입지를 지키나, 새로운 중소기업 고객이나 일부 해외 시장 진출에는 시간이 걸려 전체 성장률이 한 자릿수에서 10%대로 낮아질 가능성이 있습니다. 이는 팔란티어가 현재의 틈새 강자로 남는 그림입니다. 국방/공공 분야에서는 팔란티어에 대한 긴 성장 활주로가 아직 남아있어서 안정적이지만, 상업 시장에서는 일부 대기업 중심으로만 활용되고 중소기업 쪽으로는 파급이 제한되는 모습일 수 있습니다. 기술적으로도 팔란티어는 핵심 기능 업그레이드는 지속하나, 혁신의 폭은 크지 않아 경쟁사들도 비슷한 기능을 제공하는 상황입니다. 이렇게 되면 팔란티어는 매출 10~20억 달러 규모의 특화 소프트웨어 기업으로 머무르면서, 수익성은 확보하되 폭발적이지 않은 성장을 지속할 수 있습니다. 투자자 입장에서는 현재 높은 밸류에이션을 정당화하기엔 부족하여 주가 상승은 정체될 수 있지만, 기업 자체는 흑자를 내며 존속하는 그림입니다. 보수적 시나리오에서는 팔란티어가 핵심 강점 분야에 집중하여 틈새시장을 지배하지만, 더 큰 대중화에는 실패한다고 볼 수 있습니다. 다만 이 경우에도 팔란티어는 중요한 정부 파트너로 남아있기에 어느 정도의 방어적 가치는 유지할 것입니다.

- **비관적 시나리오**: 경쟁 심화와 고객 이탈 등의 이유로 팔란티어의 성장에 제

동이 걸리는 경우입니다. 예를 들어 핵심 정부 계약을 경쟁사에 빼앗기거나 갱신하지 못하고, 동시에 상업 부문에서도 기대만큼 고객을 확보하지 못하는 상황을 가정할 수 있습니다. 만약 스노우플레이크나 데이터브릭스 같은 기업들이 팔란티어의 기능을 모방하면서 더 저렴한 통합 솔루션을 내놓거나, 주요 클라우드 기업이 팔란티어 유사 서비스를 번들로 제공하면 팔란티어의 입지는 좁아질 수 있습니다. 또한 데이터 거버넌스 문제나 정치적 이슈로 인해 어떤 정부에서 팔란티어 사용을 제한하거나 계약을 취소한다면, 수익에 타격을 받고 악평이 퍼져 새 고객 유치도 어려워지는 악순환이 올 수 있습니다. 비관적으로 팔란티어의 연간 성장률이 급격히 떨어져 정체 상태가 되거나, 최악의 경우 매출 감소마저 현실화될 수 있습니다. 현재 팔란티어에 반대론을 펴는 일부 애널리스트들은 팔란티어가 과도한 기대에 비해 실적이 뒷받침되지 못할 가능성, 그리고 높은 주가 평가로 인한 변동성 위험을 지적하고 있습니다. 예컨대 판매 실행 상의 어려움이나 매출 성장 둔화와 같은 "작은 충격에도 주가가 크게 흔들릴 수 있다"라는 경고가 있습니다. 이는 팔란티어가 성장 동력을 잃으면 시장에서 빠르게 외면받을 수 있다는 뜻입니다. 비관적 시나리오에서는 팔란티어가 특정 분야에 국한된 컨설팅형 회사로 축소되거나, 극단적으로는 더 큰 기업에 인수 합병되는 경우까지 상상해 볼 수 있습니다. 그러나 이러한 시나리오가 현실화되려면 동시에 여러 악재(주요 계약 상실, 기술 퇴보, 부정적 여론)가 겹쳐야 하므로 가능성은 적지만, 투자 위험으로서 염두에 둘 필요는 있습니다.

- **기타 고려 요인**: 위 시나리오들에 영향을 끼칠 변수로는 기술 발전의 방향, 정책/규제 변화, 국제 정세 등이 있습니다. 기술 발전 측면에서, 만약 AI 분야에

서 혁신적인 돌파구가 나와 팔란티어나 경쟁사의 판도를 바꾸면 성장 경로가 달라질 수 있습니다. 예컨대 강화학습 기반의 자율 AI 에이전트가 기업 운영을 혁신하게 되면 팔란티어가 이를 얼마나 잘 포섭하느냐에 따라 기회 또는 위협이 될 수 있습니다. 정책 변화도 중요 변수입니다. 각국 정부의 데이터 자국화 정책, 클라우드 규제, AI 윤리법 도입 등이 팔란티어의 사업 환경을 재편할 수 있습니다. 국제 정세로는, 안보 위기가 고조되어 국방 예산이 크게 늘면 팔란티어에 호재겠지만, 반대로 평화 모드로 전환되어 국방비가 줄면 성장에 압력이 될 수 있습니다. 또한 미·중 갈등 등으로 동맹국 간 기술 블록화가 진행되면 팔란티어 같은 미국 기업에 유리한 시장이 형성될 수도 있고, 동시에 중국 등 거대 시장을 놓치는 제약도 계속될 것입니다. 환율과 무역 정책도 해외 사업 수익성에 영향을 줄 수 있습니다. 결국 팔란티어의 미래는 이러한 여러 요소가 어떻게 전개되느냐에 따라 위의 시나리오 스펙트럼 사이 어딘가에서 결정될 것입니다.

결론적으로, 팔란티어 테크놀로지스는 AI 시대에 큰 기회를 맞이한 기업이면서 동시에 그에 상응하는 도전과 책임을 지고 있습니다. 방대한 데이터로부터 가치를 뽑아내는 팔란티어의 능력은 이미 입증되었으며, 새로운 AI 물결 속에서 팔란티어는 유리한 고지를 선점하고 있습니다. 향후 정부 및 산업 전반에서 데이터 기반 의사 결정이 더욱 중요해질 것은 자명하며, 팔란티어의 종합 플랫폼은 이에 대한 솔루션 제공자로서 확실한 자리매김을 노리고 있습니다. 다만 경쟁 환경이 빠르게 변모하고, 기술과 사회적 요구가 진화하는 만큼 안주할 수는 없습니다. 팔란티어가 지속적인 혁신과 고객가치 창출을 이어간다면 낙관적 시나리오에 가까운 성장을 이룰 가능성이 높습니다. 반대로 리스크 관리에 실패하거나 민첩성을 잃으면 보수적 혹은 비관적 시나리오에 머물 수 있습니다.

현재로서는 AI에 대한 전례 없는 수요가 팔란티어의 성장엔진을 힘차게 돌리고 있고, 팔란티어도 'AI 혁명의 승자들에게 동력을 제공'하겠다는 야심을 공공연히 밝히고 있습니다. 이러한 여세를 몰아 팔란티어가 시장과 경쟁 환경 속 기회들을 최대한 살리고 위험을 슬기롭게 극복할 수 있을지 지켜볼 일입니다. 분명한 것은, AI 시대의 데이터 플랫폼 경쟁에서 팔란티어가 단순한 일시적 유행이 아닌 굳건한 플레이어로 남을 잠재력을 갖추고 있다는 점입니다. 앞으로도 팔란티어의 행보는 데이터와 AI가 이끄는 미래를 가늠하는 중요한 척도가 될 것입니다.

팔란티어, '제2의 테슬라'가 될 수 있을까?

테슬라와 팔란티어의 공통점

팔란티어 테크놀로지스는 국내 투자자들 사이에서 테슬라와 함께 '테팔'이라 불리며 큰 관심을 받고 있습니다. 이 별칭은 두 기업 모두 혁신적인 기술 성장주로써 AI 시대를 대표하는 아이콘으로 여겨진다는 의미입니다. 실제로 두 회사는 완전히 다른 산업에 속하지만 기존 산업을 데이터 중심으로 재편하려는 혁신 DNA를 공유하고 있습니다. 일론 머스크가 전기차와 우주산업 등에서 파괴적 혁신을 주도했듯, 팔란티어의 피터 틸과 알렉스 카프 역시 방대한 데이터를 활용해 새로운 가치와 해법을 만들겠다는 과감한 비전을 제시했습니다. 흥미로운 점은 머스크와 틸이 과거 페이팔을 공동 창업했던 인연도 있어, 두 기업 문화에 창업자들의 강한 리더십과 비범한 기업가 정신이 녹아 있다는 평가를 받습니다. 이러한 공통의 혁신적 기업 문화 덕분에 테슬라와 팔란티어 모두 초기에 시장의 주목을 받았고, 'AI = 테슬라 + 팔란티어'라는 투자 밈까지 등장하게 되었습니다. 특히 최근 분기 실적 발표 후 두 회사 주가가 폭발적 랠리를 보이며 시장을 열광시킨 모습도 매우 흡사합니다.

테슬라가 거친 성장 과정과 비교

테슬라의 성장 스토리는 순탄하지만은 않았습니다. 창업 초기 수년간 계속된 적자와 자금난으로 2008년 금융위기 때는 파산 위기까지 몰렸고, 2009년 미국 정부의 긴급 대출로 간신히 회생한 바 있습니다. 전기차에 회의적이던 자동차 업계에서 조롱과 의심을 받으며 출발했지만, 머스크의 집념으로 모델S, 모델3을 성공시켜 결국 첫 흑자 전환과 함께 2020년 S&P500 지수에 편입을 이뤄냈습니다. 현재 테슬라는 글로벌 자동차 시장의 판도를 뒤바꾸며 기존 완성차 업체들도 앞다투어 전기차에 뛰어들게 했습니다.

한편, 팔란티어는 아직 진행형입니다. 2003년 설립 이후 주로 미국 정부와 정보기관을 고객으로 성장했지만, 상업 시장에서는 제대로 평가받기 시작한 지 얼마 되지 않았습니다. 다만 2023년 처음으로 분기 흑자를 기록하고 2024년 9월 S&P500 지수에 편입되면서 이제 본격적인 세계 시장 확장의 기회를 얻었습니다. 이는 과거 테슬라가 흑자 전환 후 지수 편입으로 기관투자가들의 러브콜을 받으며 도약한 장면을 떠올리게 합니다. 팔란티어 역시 작년 생성형 AI 열풍을 타고 주가가 1년 동안 3배 넘게 급등하며 투자자들의 시선을 사로잡았으며, 최근 3개월간 국내 투자자 순매수

금액 2위 종목(1위 테슬라)에 오를 정도로 폭발적 관심을 받고 있습니다. 앞으로 팔란티어가 정부 사업 기반을 넘어 상업용 소프트웨어 시장까지 성공적으로 장악한다면, 테슬라가 그랬듯 세계 시장의 게임체인저로 부상할 잠재력이 있습니다. 데이터 경제와 AI 혁명이라는 시대 흐름 자체가 팔란티어에 유리한 바람을 불어넣고 있기 때문입니다.

팔란티어의 장기 성장 가능성

그렇다면 팔란티어는 정말 테슬라처럼 장기 성장의 궤도에 올라탈 수 있을까요? 낙관론자들은 팔란티어가 이미 정부 기관 대상으로 입증된 강력한 데이터 플랫폼을 바탕으로, 민간 기업 시장에서도 폭발적 수요를 견인할 것으로 기대합니다. 실제로 팔란티어는 미 국방부, CIA 등과의 대형 계약으로 안정적 매출을 올리고 있을 뿐 아니라, 제조·금융·의료 등 다양한 민간 분야 세계 기업들과의 협업을 빠르게 확대해 나가고 있습니다. 이는 곧 팔란티어가 데이터 활용 방식의 패러다임 전환을 이끌 수 있다는 뜻이죠. AI와 빅데이터가 기업 경쟁력의 핵심이 된 시대에는, 팔란티어처럼 의사 결정에 인공지능을 접목해 주는 기업의 가치는 시간이 갈수록 커질 것입니다. 테슬라가 자동차를 '달리는 소프트웨어 플랫폼'으로 바꾸어 놓았듯, 팔란티어는 기업 경영을 '데이터 기반 의사 결정'으로 탈바꿈시키려 하고 있습니다. 월가에서도 "AI 혁명은 이제 시작 단계이며, 팔란티어가 이 경쟁에서 압도적 우위를 보여주고 있다."라는 평가가 나오고 있어, 향후 수년간 높은 성장 잠재력을 점치는 분위기입니다. 물론 이러한 전망이 현실이 되려면 팔란티어가 현재의 기술적 선두 위치를 지켜내는 것이 중요합니다. 데이터 분석 소프트웨어 시장에는 경쟁자도 많기 때문에, 팔란티어가 지속적으로 기술 우위를 유지할 수 있을지 냉정히 지켜볼 필요가 있습니다. 그럼에도 불구하고 AI 시대의 '승자'가 되고자 하는 기업과 정부는 앞으로도 팔란티어의 플랫폼을 찾을 가능성이 높기에, 중장기 성장 스토리는 충분히 유효하다는 평가가 우세합니다.

테슬라와 팔란티어에 대한 투자 전략

투자 관점에서 보면, 두 기업 모두 단기 변동성이 큰 성장주라는 공통점이 있습니다. 테슬라 역시 한때 적자와 생산 차질 소식에 주가가 급락하고 공매도 세력의 표적이 되는 등 변동이 심했지만, 이를 견디고 장기 보유한 투자자들은 결국 막대한 수익을 거두었습니다. 팔란티어 또한 2021년 상장 후 주가가 롤러코스터를 탔습니다. 초기에 밈 주식으로 주목받으며 과열됐다가 조정을 겪었고, 2023년 말부터 다시 AI 테마로 급등하는 등 변동성이 상당합니다. 따라서 팔란티어를 대할 때도 단기 모멘텀에 휩쓸리기보다, 테슬라 초기 투자자들처럼 긴 안목으로 기업의 내재 가치와 비전을 신뢰하는 전략이 필요합니다.

실제 시장에서는 "팔란티어나 테슬라처럼 밈 + 성장 서사가 강력한 종목은 높이 날아갈 수도 있지만, 실적이 뒷받침되지 못하면 언제든 거품이 꺼질 수 있다."라는 경고를 볼 수 있습니다. 장기 투자자는 현재의 높은 밸류에이션을 정당화할 실질 성장이 이어질지를 면밀하게 살펴야 합니다. 예컨대 한때 팔란티어의 주가매출비율(P/S)이 90배에 달했는데, 이를 합리화하려면 향후 몇 년간 매출이 매년 50~100%씩 성장해야 하며 그런 성장률을 달성하는 것은 결코 쉽지 않다는 점도 유념해야 합니다.

반면 기업이 실적을 통해 기대를 충족시킨다면, 테슬라 사례에서 보듯 밸류에이션에 대한 시장의 관대함은 길게 이어질 수 있습니다. 기관 투자 자들의 시각도 초기에는 회의적이었다가, 테슬라가 꾸준히 목표를 달성하자 나중에는 앞다투어 투자에 편입했던 역사가 있습니다. 팔란티어 역시 최근 흑자 전환과 S&P500 편입으로 기업 위상이 한층 올라가면서, 점차 더 많은 기관의 관심을 끌 가능성이 높습니다. 실제로 S&P500에 새로 포함된 종목들은 펀드매니저들의 편입 수요로 주가가 랠리를 펼치는 경향이 있는데, 팔란티어도 그런 기관 수급의 순풍을 타기 시작한 모습입니다. 이미 아크인베스트 등 일부 혁신 투자 펀드들은 테슬라와 함께 팔란티어를 유망한 AI 성장주로 보고 꾸준히 담아왔습니다. 요컨대 팔란티어에 투자한다면 단기 급등락에 일희일비하지 말고, 5년~10년 후를 내다보는 긴 호흡으로 접근하는 것이 테슬라 투자 경험이 준 교훈이라고 하겠습니다.

결론: 팔란티어가 테슬라처럼 장기 성장할 것인가?

테슬라와 팔란티어를 엮은 '테팔'이라는 밈에는 "팔란티어도 언젠가 테슬라처럼 성공할 수 있다."라는 투자자들의 기대감이 담겨 있습니다. 결론부터 말하자면, 팔란티어가 데이터 산업의 테슬라가 될 잠재력은 충분하지만, 그 길이 보장된 것은 아닙니다. 테슬라가 전기차 시대를 앞당겨 엄청난 성장을 이루었듯, 팔란티어도 AI와 데이터 시대의 흐름 속에서 막대한 기회를 마주하고 있습니다. 기업과 정부의 디지털 전환이 가속화되고, 생성형 AI가 산업 전반에 도입되는 추세에서 팔란티어의 역할은 갈수록 커질 수밖에 없습니다. 이미 팔란티어는 미국 안보부터 전 세계 기업 경영까지 데이터 활용 패러다임을 바꾸고 있으며, 이는 테슬라가 자동차 산업의 패러다임을 바꾼 것에 비견된다는 평가도 있습니다. 다만 장기적인 성공을 위해서는 몇 가지 관건을 지켜봐야 합니다. 우선 팔란티어가 정부 매출 의존도를 벗어나 민간 비즈니스를 얼마나 확장하는지가 중요합니다. 이를 통해 매출 구조를 다변화하고 시장 파이를 키워야 테슬라처럼 선도하는 회사로 도약할 수 있습니다.

다음으로, 치열한 경쟁 속에서도 팔란티어의 기술적 우위와 독자성이 유지되는지가 핵심입니다. AI 플랫폼 경쟁이 심화될수록 팔란티어가 가진 데이터 통합 및 해석 역량이 경쟁사 대비 얼마나 뛰어난지 증명해야 할 것입니다. 마지막으로 지속적인 실적 개선으로 시장의 기대를 충족시키는 실행력이 필요합니다. 투자자들은 팔란티어의 분기별 실적 성장률, 신규 고객 유치, AI 제품 혁신 등의 지표를 주의 깊게 모니터링해야 합니다.

결국 팔란티어의 미래는 자사의 슬로건처럼 '세상을 바꾸는 소프트웨어'를 얼마나 잘 구현해 내느냐에 달려있습니다. 테팔이라는 밈이 현실이 되어 팔란티어가 테슬라처럼 장기적이고 압도적인 성장 스토리를 써나갈 수 있을지, 이제 투자자들의 시선은 팔란티어의 다음 행보에 모이고 있습니다. 분명한 것은, 데이터와 AI라는 거대한 물결 위에서 팔란티어가 앞으로도 중요한 플레이어로 남을 것이며, 그 여정의 결과는 앞으로 수년간의 노력과 성과에 달려있을 것입니다.

부록

1. 팔란티어 주식 정리

종목명: 팔란티어 테크놀로지스(PLTR)

거래소: 나스닥 증권거래소

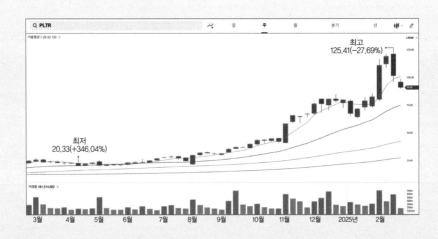

종목 정보	시세 정보
시총(USD) 2,376억	시가 107.68
거래량 129,063.165	1년 최고 125.41
PER 535.90배	1년 최저 20.33

2. 팔란티어 주요 용어 정리

- **팔란티어 고담**Palantir Gotham: 정부 기관과 군을 위해 개발된 데이터 통합 및 분석 플랫폼이다. 방대한 이질적 데이터를 한곳에 모아 첩보 분석과 예측 수사를 지원하며, 미국 정보기관IC과 국방부 등에서 대테러 및 군사 목적으로 활용된다. 사용자는 프로그래밍 없이도 여러 데이터베이스의 정보를 연결해 패턴과 관계를 찾을 수 있도록 설계되었다.

- **팔란티어 파운드리**Palantir Foundry: 민간 기업과 공공기관의 데이터를 통합해 분석하는 데이터 운영 플랫폼이다. 서로 다른 형식의 개별화된 데이터를 하나의 장소에 연결해 기업 내 사용자들이 손쉽게 접근하고 분석할 수 있게 한다. 예를 들어 에어버스Airbus와 같은 제조기업이 생산 데이터를 통합 관리하거나, 보건 및 금융 기관에서 데이터 기반 의사 결정을 지원하는 등 광범위한 산업 분야에 적용되고 있다.

- **팔란티어 아폴로**Palantir Apollo: 팔란티어 소프트웨어(고담과 파운드리)의 지속적 배포CI/CD를 지원하는 플랫폼이다. 복잡한 클라우드 및 온프레미스 환경 전반에 걸쳐 소프트웨어 업데이트와 구성 변경을 자동화하고 조율하는 미션 컨트롤 역할을 한다. 이 플랫폼을 통해 팔란티어는 과거 맞춤형 컨설팅 위주 모델에서 벗어나, 고객들에게 서비스형 소프트웨어SaaS를 안정적으로 제공하는 방향으로 비즈니스 모델을 전환했다.

• **인공지능 플랫폼**Palantir AIP: 2023년 출시된 팔란티어의 인공지능 플랫폼으로, 거대언어모델LLM 등의 생성형 AI를 기존 팔란티어 시스템에 연결하여 실시간 의사 결정을 지원한다. 보안성이 요구되는 민간과 군사 환경에서 챗봇 형태의 인터페이스로 AI의 분석 결과를 활용할 수 있으며, AI가 자체적으로 실행하는 결정에는 인간의 검토를 거치도록 제한을 두어 윤리적 위험을 통제한다. 이 플랫폼은 병렬로 운영되는 파운드리(데이터 운영)와 아폴로(배포 관리)와 함께 팔란티어의 AI 메시mesh 아키텍처를 구성하며, 제조 최적화, 군사 시뮬레이션, 인프라 계획 등 다양한 도메인에 응용되고 있다.

3. 팔란티어 연혁

• **2003년**: 피터 틸Peter Thiel이 팔란티어 테크놀로지스를 공동 설립하였다. 5월에 공식 법인 설립이 이루어졌으며, 회사명은 톨킨의 소설에 등장하는 투명한 예지의 돌 'Palantír'에서 유래되었다. 틸은 페이팔PayPal의 부정 거래 탐지 기술을 테러 방지에 활용한다는 구상을 밝히며, 팔란티어를 미션 지향적 기업으로 출범시켰다. 초기 자본은 미국 CIA의 벤처펀드인 인큐텔In-Q-Tel로부터 200만 달러 투자와 틸 본인의 투자를 합쳐 약 3,000만 달러를 확보했다. 같은 해 틸은 스탠퍼드 법대 동문인 알렉스 카프Alex Karp를 CEO로 영입하고, 페이팔 엔지니어였던 네이션 게팅스Nathan Gettings, 조 론스데일Joe Lonsdale, 스티븐 코헨Stephen Cohen 등이 초기 팀에 합류하였다.

- **2008년**: 팔란티어의 첫 주요 제품인 고담^{Gotham} 플랫폼이 공식 출시되었다. 미 국방성과 정보기관 내 파일럿 프로그램을 거쳐 발전된 이 소프트웨어는, 대테러 분석을 위한 통합 플랫폼으로 자리 잡았다. 같은 시기 팔란티어는 미국 연방수사국^{FBI} 등 정보 커뮤니티를 고객으로 확보하면서 초기 수익을 창출하기 시작했다.

- **2010년**: 팔란티어가 미국 연방 정부에서 부정 행위 적발에 기여하며 대중적으로 이름을 알렸다. 2010년 6월 백악관 브리핑에서 조 바이든 부통령은 경기부양책 자금 유용을 적발한 공로로 팔란티어 소프트웨어를 언급했고, 이 기술을 메디케어/메디케이드 등 다른 기관에도 확대 적용할 계획이라고 발표했다. 또한 금융 데이터 분석 도구인 메트로폴리스^{Metropolis}를 톰슨 로이터^{Thomson Reuters}와 제휴하여 'QA 스튜디오^{QA Studio}'라는 이름으로 출시, 정부 외 민간 시장 진출의 토대를 마련했다.

- **2011년**: 팔란티어의 연 매출이 약 2억 5,000만 달러에 이르렀다고 추정되며, 미국 정보기관들^{U.S. Intelligence Community} 내에서 팔란티어 소프트웨어가 광범위하게 활용되었다. CIA, NSA, FBI 등 12개 이상의 미 정부 조직에서 팔란티어를 통해 서로 다른 데이터베이스를 연결해 사용하였으며, 팔란티어는 각 기관의 데이터 사일로^{silo} 문제를 해소하는 핵심 솔루션으로 부상했다. 이 무렵 팔란티어 소프트웨어가 2011년 오사마 빈 라덴 사살 작전의 정보 수집·분석에 기여했다는 보도가 나오기도 했다.

- **2014년**: 팔란티어는 대규모 민간 투자 유치를 통해 기업가치가 급상
 승하였다. 2013년 말 ~ 2014년 초에 걸쳐 약 4억 5천만 달러의 자금
 을 추가로 조달하면서 회사 가치가 90억 달러를 넘어섰고, 파운더스
 펀드Founders Fund 등 실리콘밸리 거물 투자자들이 주주로 참여하였다.
 2014년 11월 기준 기업가치 평가는 150억 달러까지 올라 팔란티어
 는 미국에서 손꼽히는 유니콘 스타트업이 되었다. 이 시기 피터 틸이
 여전히 최대 주주이자 이사회 의장으로 영향력을 행사하고 있었다.

- **2016년**: 팔란티어는 첫 인사 관련 논란에 직면했다. 9월 미 노동부
 산하 계약준수국OFCCP이 팔란티어가 소프트웨어 엔지니어 채용 과정
 에서 아시아계 지원자를 차별했다며 소송을 제기했고, 회사는 이듬해
 170만 달러를 지급하는 합의로 사건을 종결지었다. 한편 2016년 팔
 란티어는 웹 스크래핑 스타트업 기모노 랩스Kimono Labs와 데이터 시각
 화 회사 실크Silk 등을 인수하며 기술 역량을 강화했고, 팔란티어 파운
 드리Foundry 플랫폼의 전신이 된 메트로폴리스 제품을 발전시켜 금융
 및 기업용 시장으로 범위를 넓혔다.

- **2018년**: 팔란티어는 기업공개IPO를 검토하기 시작했다. 월스트리트
 저널 보도에 따르면 이 해 팔란티어의 기업가치가 비공식적으로 410
 억 달러에 이르렀으며, 2019년 상반기 IPO 가능성이 거론되었다.
 같은 해 팔란티어는 영국 의회 청문회에서 케임브리지 애널리티카
 Cambridge Analytica 스캔들과 관련된 의혹이 제기되어 곤욕을 치렀다. 내
 부 직원이 개인 자격으로 케임브리지 애널리티카에 페이스북 사용자
 데이터를 제공하는데 관여했다는 폭로로 인하여 논란이 되었으며, 팔

란티어 측은 공식 계약은 없었고 해당 직원의 일탈이라는 입장을 밝혔다. 또한 2018년 팔란티어는 구글이 철수한 미국 국방부의 프로젝트 메이븐Project Maven AI 프로그램을 인수하여 군사용 영상 분석 AI 개발을 이어갔다.

- **2020년**: 팔란티어 역사상 중요한 전환점이 된 해다. 코로나19로 인한 팬데믹 동안 팔란티어의 파운드리 플랫폼이 영국 국민보건서비스NHS의 코로나19 데이터 통합에 활용되고, 미국 보건복지부HHS의 HHS 프로젝트 프로그램과 백신 배분 소프트웨어 티베리우스Tiberius 개발에 참여하는 등 공중보건 분야에 기여했다. 8월에는 본사를 실리콘밸리Palo Alto에서 콜로라도 덴버로 이전하면서, 정부 중심 비즈니스에 가까운 워싱턴 D.C.에 접근성을 높이고 실리콘밸리의 문화와 거리를 두겠다는 메시지를 보였다. 마침내 2020년 9월 30일 뉴욕증권거래소NYSE에 'PLTR' 종목코드로 직접 상장DPO을 통해 기업공개를 완료했다. 상장 직후 시가총액은 약 165억 달러를 기록하였다. 같은 해 12월 팔란티어는 미 식품의약국FDA과 4,440만 달러 규모의 계약을 체결하며 주가가 급등하는 등, 상장 후에도 정부 사업 확대로 주목받았다.

- **2022년**: 러시아의 우크라이나 침공이 발생하자, 팔란티어는 우크라이나 정부를 지원하는 주요 기술 파트너로 부상했다. 알렉스 카프 CEO는 침공 후 대형 미국 기업 CEO 중 처음으로 키이우를 방문했고, 팔란티어 소프트웨어는 전선에서 러시아군에 맞서는 표적 식별

및 타격 효율화에 활용되었다. 예를 들어 인공지능을 활용한 포병 표적 선정으로 우크라이나의 타격 정확도와 속도가 크게 향상되었다는 보도가 있었다. 또한 우크라이나 검찰은 팔란티어를 전쟁범죄 조사에 활용해 증거 수집과 데이터 정리를 지원하는 방안을 추진했다.

- **2023년**: 팔란티어는 생성형 AI 붐에 발맞춰 인공지능 플랫폼 AIP를 4월에 발표하며 사업 영역을 확장했다. AIP는 거대언어모델을 팔란티어의 기존 데이터 플랫폼에 접목한 제품으로, 초기 고객인 미군 등에 시연되어 AI 기반 전술 지휘 등에 활용 가능성이 강조되었다. 이와 함께 팔란티어는 기존 고객들과 함께 AI 부트캠프를 운영해 단기간에 프로토타입을 구현하는 등 상용 솔루션 보급에도 박차를 가했다. 2023년 팔란티어의 주가는 AI 기대감에 힘입어 큰 폭으로 상승하며, 연말 시가총액이 상장 이래 최고치를 기록하기도 했다.

- **2024년**: 9월 팔란티어는 S&P500 지수 편입이 결정되어 주가가 하루 만에 14% 급등하는 등 시장에서 성숙한 기업으로 인정받았다. 11월에는 주식 상장 시장을 NYSE에서 나스닥으로 변경하여 기술주로서의 이미지를 강화했다. 한편 영국 NHS 잉글랜드와 7년간 3억 3,000만 파운드 규모의 데이터 플랫폼 계약을 체결하며 상업 부문에서도 최대 규모의 사업을 수주했다. 그러나 현지에서 환자 정보 보호 논란이 제기되어 의료계 일부의 반발과 시위가 이어졌다. 팔란티어는 논란에도 불구하고 20년 넘게 이어온 정부 중심 사업모델을 민간 분야로 확대하며 기술적·경제적 영향력을 계속해서 높여가고 있다.

4. 창업자 및 주요 인물 소개

• **피터 틸**Peter Thiel: 팔란티어의 공동창업자이자 이사회 의장이다. 페이팔의 공동 창업자로 유명한 실리콘밸리 투자자이며, 2003년 팔란티어를 설립하여 초창기 막대한 자본을 투자하고 회사의 비전을 제시했다. 틸은 팔란티어를 통해 '자유를 수호하는 기술'을 만들고자 했으며, 정부와 긴밀히 협력하는 독자적 행보로 실리콘밸리의 대표적 튤립 전략가로 불린다. 현재도 팔란티어 지분을 상당 부분 보유하고 전략 방향에 영향력을 행사하고 있다.

• **알렉스 카프**Alexander Karp: 팔란티어의 공동창업자 겸 최고경영자CEO이다. 미국 출신으로 철학 박사 학위(사회이론 전공)를 보유한 이례적인 이력의 경영인이다. 창업 초기 피터 틸의 제안으로 합류하여 2004년부터 CEO를 맡아왔으며, 팔란티어를 정부 및 기업과의 긴밀한 파트너십 기반 소프트웨어 기업으로 성장시켰다. 카프는 프라이버시와 안보의 균형을 강조하는 발언을 자주 해왔으며, 틀에 얽매이지 않는 경영 스타일로 알려져 있다.

• **스티븐 코헨**Stephen Cohen: 팔란티어 공동창업자이자 사장President이다. 스탠퍼드 대학 출신으로, 팔란티어의 첫 제품 개발을 주도한 핵심 엔지니어 중 한 명이다. 초기부터 기술 총괄의 임무를 수행하고 있으며, 고담 플랫폼의 탄생에 기여했다. 여전히 회사의 기술 전략과 운영을 이끌고 있다. 외부에 많이 알려지지는 않았지만, 팔란티어 내부에서

중요한 리더십을 발휘하는 인물이다.

- **조 론스데일**Joe Lonsdale: 팔란티어 공동창업자 중 한 명이다. 투자사 8VC의 설립자로 더 알려져 있으며, 팔란티어 창립 당시 소프트웨어 개발과 정부 영업에 관여했다. 2009년경 팔란티어를 떠나 벤처 투자 자로 전향했지만, 회사 설립과 초창기 성공에 기여한 공로로 종종 언급된다.

이 밖에도 샴 싱커Shyam Sankar는 팔란티어에서 오랜 기간 근무하며 다양한 역할을 수행해왔으며, 현재 COO로서 회사의 운영과 기술 전략을 이끌고 있다. 그는 이전에 CTO(최고기술책임자)로 활동하며 팔란티어의 기술 개발에 크게 기여했으며, 이후 COO로 승진하여 더 광범위한 책임을 맡고 있다. 그러나 팔란티어의 대외적 이미지는 공동창업자인 틸과 카프 두 인물에 크게 좌우되는 편이다.

5. 팔란티어의 핵심 기술 개요

- **데이터 통합 및 분석 플랫폼**: 팔란티어 기술의 핵심은 이종 데이터 통합에 있다. 다양한 소스에서 나온 빅데이터를 연계하여 단일 플랫폼에서 조회·분석함으로써, 사용자는 복잡한 구조적 데이터 쿼리 언어인 SQL이나 코딩 없이도 데이터를 탐색할 수 있다. 예컨대 고담은 스프레드시트, 데이터베이스, 이미지, 신호정보 등 서로 다른 형식의 데이터를 한데 모아 거대한 그래프 형태로 연결하고 시각화한다. 이러

한 통합을 통해 데이터 간 숨겨진 관계를 밝혀 내고 상황 인식을 향상시키는 것이 팔란티어 소프트웨어의 주요 기능이다.

- **AI 및 의사 결정 지원**: 팔란티어는 인간 분석가의 판단을 높이는 인텔리전스 증강Intelligence Augmentation 철학을 강조해 왔다. 즉 완전히 자동화된 AI가 아니라, 인간이 이해하고 활용할 수 있도록 돕는 AI 도구를 지향한다. 팔란티어 플랫폼은 기계학습과 통계 알고리즘을 내장하여 이상 징후 탐지, 예측 모델링, 시뮬레이션 등을 지원하며, 최근에는 AIP를 통해 생성형 AI도 접목하였다. 예를 들어 프로젝트 메이븐Project Maven에서는 팔란티어의 영상 인식 AI가 드론 정찰 영상을 자동 분류하여 군 분석가의 표적 식별 작업을 도왔다. 이처럼 팔란티어 기술은 방대한 데이터 속에서 의미 있는 신호를 포착해 의사 결정권자에게 전달하는 데 초점을 맞춘다.

- **보안 및 프라이버시 보호 설계**: 팔란티어 플랫폼은 군사용으로도 쓰일 만큼 강력한 보안을 갖추고 있다. 예를 들어 팔란티어의 클라우드는 미 국방부로부터 IL5 보안인증을 획득하여 국가안보 시스템에서 활용될 수 있을 정도로 엄격한 통제 수준을 충족한다. 데이터 권한 관리 측면에서 팔란티어는 역할 기반 접근제어RBAC와 목적 기반 접근제어PBAC 등 세분된 권한 관리 기능을 제공하여, 사용자별로 민감한 데이터에 접근을 제한하고 사용 내역을 감시할 수 있다. 또한 가명 처리나 마스킹 같은 프라이버시 보호 기능도 내장되어 있어 GDPR 등 국제 데이터 규제에 부합하는 사용이 가능하다. 팔란티어는 이러한 기

술적 통제를 통해 데이터 활용과 개인정보 보호의 균형을 추구한다고 주장한다.

- **확장성과 응용 생태계:** 팔란티어의 소프트웨어는 모듈식 아키텍처로 설계되어 다양한 환경에 배포되고 확장될 수 있다. 아폴로를 통해 온프레미스, 정부 비밀망, 상용 클라우드 등 어디에서나 동일한 기능을 제공하며, 실시간 데이터 처리와 다중 사용자 협업을 지원한다. 팔란티어 플랫폼 위에서는 고객사가 자체 애플리케이션이나 분석 워크플로를 구축할 수 있는 생태계가 조성되어 있다. 예컨대 팔란티어 파운드리를 도입한 기업은 내부 데이터로 디지털 트윈을 만들고, 그 위에 KPI 대시보드나 AI 의사 결정 도구를 개발해 활용할 수 있다. 이처럼 팔란티어는 플랫폼 기업으로서 다양한 도메인 문제를 해결하는 만능 도구를 지향하고 있다.

6. 팔란티어 관련 논란 및 윤리 문제

- **정부 기관과의 계약 윤리 논란:** 팔란티어는 초창기부터 CIA, 국방부, 연방수사국 등 정부 및 군사 기관과 긴밀히 협력해 왔다. 그러나 일부 계약은 인권 및 윤리 논란을 불러일으켰다. 대표적으로 미국 이민세관단속국ICE과의 계약으로, 팔란티어 소프트웨어가 불법 이민자 추적과 단속에 활용되면서 거센 비판을 받았다. 팔란티어는 자사의 도구가 형사 범죄 수사HSI에 국한되어 추방에는 직접 사용되지 않는다고 해명했지만, 공개된 내부 문서는 팔란티어 시스템ICM이 ICE의 핵심

체계로서 불법 이민자 단속에 기여했음을 보여주었다. 이로 인해 인권단체(미국자유인권협회, 미젠테 등)와 기술 노동자 단체는 팔란티어를 강하게 규탄했고, 2020년 국제앰네스티는 팔란티어가 인권에 대한 책임 검증을 소홀히 하고 있다고 보고서를 통해 비판했다. 또한 팔란티어는 미 국방부의 프로젝트 메이븐 AI 프로그램을 이어받아 전쟁 기술 개발에 관여하고 있어, AI를 이용한 살상 결정에 대한 윤리적 우려도 제기되었다. 반면 팔란티어 경영진은 민주주의 국가의 방어를 돕는 것이 옳다는 입장을 고수하고 있다.

- **데이터 프라이버시 및 시민 자유**: 팔란티어의 강력한 데이터 통합 능력은 동시에 프라이버시 침해에 대한 우려를 불러일으켰다. 팔란티어 고담이 미국 내 여러 경찰서에서 범죄 예측에 사용되면서 인종적 편향과 과도한 감시에 대한 논란이 있었다. 예를 들어 뉴올리언스 경찰은 2012~2018년 팔란티어와 비밀리에 협력해 범죄 데이터를 분석했는데, 이 사실이 드러나자 시민 사회의 거센 반발을 샀다. 또한 2018년 폭로된 케임브리지 애널리티카 사건에서 팔란티어 직원이 페이스북 이용자 데이터를 부정하게 수집하는 데 관여한 사실이 밝혀져 큰 파문을 일으켰다. 이 사건은 팔란티어가 공식 프로젝트가 아닌 사적 채널을 통해서도 민감한 데이터 분석에 관여할 수 있음을 보여주어, 데이터 오남용에 대한 경각심을 불러일으켰다. 더불어 코로나19 대응을 위한 보건 데이터 수집 사업HHS Protect에 팔란티어가 참여하자, 수집된 환자 정보가 목적 외 사용으로 타 기관(이민 단속)에 제공될 수 있다는 우려가 미 의회 일각에서 제기되기도 했다. 이처럼 팔란티어

의 기술은 강력한 만큼 사생활 감시 사회로 이어질 수 있다는 비판이 있으며, 프라이버시 보호와 투명성을 확보하라는 요구가 지속적으로 제기된다.

• **기업 문화 및 윤리의식**: 팔란티어는 오랜 기간 비밀주의적인 조직문화와 공격적인 사업 방식으로 유명하다. 이러한 문화는 혁신을 이끌었다는 평가도 있지만, 한편으로는 내부 견제와 윤리의식이 부족할 수 있다는 지적으로 이어졌다. 2016년의 인재 채용 차별 소송은 회사 내부의 다양성 존중 부족 문제를 드러냈다. 또한 팔란티어 경영진은 고객이 합법적 범위 내에서 무엇을 하든 기술 제공자에 불과하다는 태도를 보여왔는데, 비판론자들은 이러한 태도가 사회적 책임 회피라고 비판한다. 팔란티어가 처리하는 데이터는 시민들의 삶에 중대한 영향을 미칠 수 있기에, 팔란티어에도 윤리적 책임이 따른다는 주장이다. 이에 대응하여 팔란티어는 자문위원회에 전직 정보기관 인사와 윤리 전문가를 두고 사용 지침Usage Guidelines을 마련하는 등 나름의 자율 규제를 내세우고 있지만, 외부에서는 보다 투명한 공개와 독립적인 감시가 필요하다는 목소리가 높다.

•Albergotti, R. (2020, July 1). *Lawmakers call for more transparency in health agency's pandemic data collection practices.* The Washington Post.

•Amnesty International. (2020). *Failing to Do Right: The Urgent Need for Palantir to Respect Human Rights* [Report]. Amnesty International USA.

•Brayne, S. (2017). Big data surveillance: The case of policing. *American Sociological Review*, 82(5), 977–1008.

•Bursztynsky, J. (2020, August 19). Palantir to relocate headquarters from Silicon Valley to Colorado. *CNBC*.

•Cadwalladr, C. (2018, March 28). US data firm admits employee approached Cambridge Analytica. *The Guardian.*

•Gorman, S. (2009, September 4). How team of geeks cracked the spy trade. The Wall Street Journal.

•Greenberg, A., & Mac, R. (2013, August 14). How a 'Deviant' philosopher built Palantir, a CIA-funded data-mining juggernaut. *Forbes.*

•Kelion, L. (2020, March 28). NHS turns to big tech to tackle Covid-19 hot spots. *BBC News.*

•Steinberger, M. (2020, October 21). Does Palantir see too much? *The New York Times Magazine.*

•Waldman, P., Chapman, L., & Robertson, J. (2018, April 19). Palantir knows everything about you. *Bloomberg Businessweek.*

•Woodman, S. (2017, March 2). Palantir provides the engine for Donald Trump's deportation machine. *The Intercept.*